Velhos sim, assexuados jamais!
A sexualidade no envelhecimento

Editora Appris Ltda.
1.ª Edição - Copyright© 2021 dos autores
Direitos de Edição Reservados à Editora Appris Ltda.

Nenhuma parte desta obra poderá ser utilizada indevidamente, sem estar de acordo com a Lei nº 9.610/98. Se incorreções forem encontradas, serão de exclusiva responsabilidade de seus organizadores. Foi realizado o Depósito Legal na Fundação Biblioteca Nacional, de acordo com as Leis nos 10.994, de 14/12/2004, e 12.192, de 14/01/2010.

Catalogação na Fonte
Elaborado por: Josefina A. S. Guedes
Bibliotecária CRB 9/870

B816v
2021
	Branco, Rita Francis Gonzalez y Rodrigues
	    Velhos sim, assexuados jamais! : a sexualidade no envelhecimento/Rita Francis Gonzalez y Rodrigues Branco.
	    1. ed. - Curitiba : Appris, 2021.
	    109 p. ; 21 cm.
	
	    Inclui bibliografia.
	    ISBN 978-65-250-1021-2
	
	    1. Idosos – Comportamento sexual. 2. Envelhecimento. 3. Psicanálise e homossexualidade. I. Título.
	
	                                        CDD – 616.8583

Livro de acordo com a normalização técnica da ABNT

Appris
editora

Editora e Livraria Appris Ltda.
Av. Manoel Ribas, 2265 – Mercês
Curitiba/PR – CEP: 80810-002
Tel. (41) 3156 - 4731
www.editoraappris.com.br

Printed in Brazil
Impresso no Brasil

Rita Francis Gonzalez y Rodrigues Branco

Velhos sim, assexuados jamais!
A sexualidade no envelhecimento

FICHA TÉCNICA

EDITORIAL Augusto V. de A. Coelho
Marli Caetano
Sara C. de Andrade Coelho

COMITÊ EDITORIAL Andréa Barbosa Gouveia (UFPR)
Jacques de Lima Ferreira (UP)
Marilda Aparecida Behrens (PUCPR)
Ana El Achkar (UNIVERSO/RJ)
Conrado Moreira Mendes (PUC-MG)
Eliete Correia dos Santos (UEPB)
Fabiano Santos (UERJ/IESP)
Francinete Fernandes de Sousa (UEPB)
Francisco Carlos Duarte (PUCPR)
Francisco de Assis (Fiam-Faam, SP, Brasil)
Juliana Reichert Assunção Tonelli (UEL)
Maria Aparecida Barbosa (USP)
Maria Helena Zamora (PUC-Rio)
Maria Margarida de Andrade (Umack)
Roque Ismael da Costa Güllich (UFFS)
Toni Reis (UFPR)
Valdomiro de Oliveira (UFPR)
Valério Brusamolin (IFPR)

ASSESSORIA EDITORIAL Cibele Bastos
REVISÃO Bruna Fernanda Martins
PRODUÇÃO EDITORIAL Bruno Nascimento
ASSISTÊNCIA DE EDIÇÃO Juliana Emy Akiyoshi Eleutério
DIAGRAMAÇÃO Daniela Baumguertner
CAPA Sheila Alves
COMUNICAÇÃO Carlos Eduardo Pereira
Débora Nazário
Kananda Ferreira
Karla Pipolo Olegário
LIVRARIAS E EVENTOS Estevão Misael
GERÊNCIA DE FINANÇAS Selma Maria Fernandes do Valle

*A todos os velhos e velhas que ainda mantêm um brilho erótico no olhar
e um desejo no coração.*

Agradecimentos

Meus agradecimentos a todos que, de alguma forma ao passarem por minha vida, deixaram-me escutar histórias de envelhecimento e suas implicações com a sexualidade.

Agradeço especificamente a oportunidade que tive de criar a unidade de Sexualidade Humana no curso de Medicina da Pontifícia Universidade Católica de Goiás (PUC Goiás), onde, ao exercer a docência, pude aprofundar-me no tema da sexualidade.

Meu muito obrigada à Dr.ª Gabriela Cantarelli, ex-aluna do curso de Medicina dessa instituição, ex-monitora da unidade de Sexualidade Humana, atualmente geriatra e professora do referido curso, com quem aprendi muito sobre o envelhecimento.

Por fim, meus sinceros agradecimentos ao psicanalista Marcos Antônio Ribeiro Moraes, atual professor da unidade de Sexualidade Humana do curso de Medicina da PUC Goiás, pelo incentivo para que eu escrevesse e publicasse algo sobre o tema.

*Tengo los años en que el amor,
as veces es uma loca llamarada,
ansiosa de consumirse en
el fuego de una pasión
deseada...
Y otras... es um remanso de
paz, como el atardecer en
la playa...*
(fragmento do poema "Sobre la Vejez" de José Saramago)

Prefácio

O exercício da sexualidade ainda é um tabu em diferentes lugares e formas de laços sociais, especialmente no campo da saúde e da educação. Isso continua assim, apesar de tudo o que se produziu nos últimos séculos acerca do conhecimento a respeito da sexualidade. Mas não podemos dizer que esse tabu tenha determinado o trabalho de Rita Francis Branco, ao longo de sua bela carreira como médica e na docência, carreira essa que culminou no seu atual exercício na clínica em psicanálise. A prova disso é a sua jovial coragem de escrever, em tempos tão difíceis de liberdade de expressão, um livro sobre a vivência da sexualidade no envelhecimento. Nesse sentido, logo de início, a autora nos conduz à compreensão de que se trata de um tema que incomoda tanto quanto a afirmação freudiana de que a sexualidade está presente na vida das crianças. Sim, é preciso ter coragem para tanto. Ao lermos este livro, capítulo por capítulo, vamos percebendo que a autora nos demostra o quanto esse tema carece de respeito e espaço para ser discutido e considerado. Pois se a sexualidade como um todo é passiva de tabus, o que constatamos é que a sexualidade no envelhecimento é ainda mais negada e duplamente recalcada por grande parte de nossa população.

Quando digo que este livro foi escrito em tempos difíceis, refiro-me também ao fato de que ele foi gestado durante a quarentena que nos foi imposta pela pandemia do Coronavírus! Rita Francis tem vivido essa quarentena de forma exemplar, no que se refere às recomendações sanitárias de restrições de contato social. Mas o que vem me chamando a atenção, pois a acompanho em suas postagens de mídias sociais, é a sua alegria e prazer com a vida, mesmo nessa condição de confinamento. Entendo que isso seja sinal de uma sexualidade fluindo de forma bacana, no prazer de comer, nos sorrisos largos e matreiros que aparecem em suas *selfies*, na abertura para o contato virtual com as pessoas que ama, na escuta da boa música, na sustentação do atendimento *online* dos seus pacientes, entre tantos outros exemplos.

O que a autora testemunha, nesses tempos difíceis, tanto com sua vida como no que nos brinda neste livro, me faz lembrar o que diz Lacan no seu *Seminário 11 – Os quatro conceitos da psicanálise*: "a primeira coisa que diz Freud da pulsão é... que ela não tem dia nem noite, não tem primavera nem outono, que ela não tem subida nem descida. É uma força constante"[1]. Rita Francis ilustra esse pensamento freudiano, demonstrando também que a pulsão não tem idade e não entra em quarentena. Esse é o caráter expressivamente inerente à força pulsional e que também alude à sua dimensão perversa polimorfa. É justamente esse o tema axial deste livro, tema polêmico, muitas vezes negado ou interpretado de forma equivocada por muitos leitores e praticantes da clínica, incluído muitos que se encontram na prática da psicanálise. Neste trabalho, a autora faz uma interessante ponte entre a dimensão polimorfa da sexualidade na infância e a possibilidade de que ela seja exercida pelo sujeito no contexto de seu envelhecimento. Ao traçar esse ponto de continuidade entre o início e o final da vida, fica impossível negar que em todos os ciclos da vida a sexualidade dos seres falantes é marcada por uma posição ou traço perverso polimorfo.

De forma descomplicada e numa linguagem acessível, Rita Francis nos convida a pensar esse conceito polêmico de perversão. Sabemos da tendência de concebê-lo como uma conduta patológica caracterizada por uma série de desvios em relação àquilo que é esperado e considerado "normal" e aceitável. De tal forma, quando o conceito de perversão acaba assim reduzido, usado como sinônimo de depravação, maldade, crueldade, é o entendimento da sexualidade enquanto tal que perde, vencendo mais uma vez os diferentes mitos e tabus. Mas perde também a

---

[1] LACAN, J. *O seminário, livro 11*: os quatro conceitos fundamentais da psicanálise. Rio de Janeiro: Jorge Zahar, 1985.

sociedade, quando se organiza em torno de discursos focados no retorno do recalcado e com posturas que acentuam formas diversas de sofrimentos, não somente das pessoas idosas.

Nesse sentido, para além da rica contribuição sobre o tema da sexualidade no envelhecimento, este livro nos auxilia no difícil estabelecimento do diagnóstico acerca da perversão. Diagnóstico esse que muitas vezes se apoia nos consensos imaginários que convocam aquilo que é veiculado socialmente a respeito dos sujeitos considerados como perversos. Ao se tratar da clínica no envelhecimento, isso tende a se acentuar ainda mais, considerando a nossa tendência em rememorar e, ao mesmo tempo, negar os nossos afetos, que sempre comparecem entrelaçados com nossas fantasias infantis. Em diferentes temas aqui abordados somos provocados a pensar que, se não caminhamos advertidos por um bom entendimento sobre a sexualidade humana, essas nossas "fantasias de infância" que povoam o nosso imaginário, poderão nos tornar resistentes e limitados no acolhimento do sujeito que se encontra no exercício da sua sexualidade, sobretudo daqueles que a vivenciam no percurso do seu envelhecimento. Dificuldade essa que poderá limitar também a elaboração de diagnósticos, no atendimento desses sujeitos, segundo bem demonstra a nossa autora.

Por fim, resta dizer que este livro não foi escrito para um público limitado de profissionais e estudantes da área da saúde. Rita Francis escreve para nós todos. E especialmente, de forma bastante acessível, para os sujeitos que se encontram no contexto do ciclo da vida que denominamos envelhecimento, mas que merecem e têm o direito de vivê-lo da maneira mais saudável possível.

Marcos Antônio Ribeiro Moraes
Psicanalista membro da APPOA (Associação Psicanalítica de Porto Alegre)
Professor de Sexualidade e Saúde do curso de Medicina (PUC Goiás)
Coordenou a implantação do ambulatório de transexualidade do Hospital Alberto Rassi (Goiânia, GO)

Sumário

1
Poema...17

2
A gestação do livro...21

3
Sexualidade,
sexo e erotismo..29

4
Moda, velhice
e sexualidade...45

5
Sexualidade, envelhecimento
e vivência de casal...57

6
Tecnologia, redes sociais
e sexualidade na velhice..69

7
Sexo, remédios
e rock'n roll..79

8
Até que a morte nos
separe (ou nos una!)..91

9
O fim...101

Referências...105

Poema

L'éternelle Chanson

(Rosemonde Gérard)

Lorsque tu seras vieux et que je serai vieille,
Lorsque mes cheveux blonds seront des cheveux blancs,
Au mois de mai, dans le jardin qui s'ensoleille,
Nous irons réchauffer nos vieux membres tremblants.
Comme le renouveau mettra nos coeurs en fête,
Nous nous croirons encore de jeunes amoureux,
Et je te sourirai tout en branlant la tête,
Et nous ferons un couple adorable de vieux.
Nous nous regarderons, assis sous notre treille,
Avec de petits yeux attendris et brillants,
Lorsque tu seras vieux et que je serai vieille,
Lorsque mes cheveux blonds seront des cheveux blancs.

Sur notre banc ami, tout verdâtre de mousse,
Sur le banc d'autrefois nous reviendrons causer,
Nous aurons une joie attendrie et très douce,
La phrase finissant toujours par un baiser.
Combien de fois jadis j'ai pu dire " Je t'aime " ?
Alors avec grand soin nous le recompterons.
Nous nous ressouviendrons de mille choses, même
De petits riens exquis dont nous radoterons.
Un rayon descendra, d'une caresse douce,
Parmi nos cheveux blancs, tout rose, se poser,

Quand sur notre vieux banc tout verdâtre de mousse,
Sur le banc d'autrefois nous reviendrons causer.
Et comme chaque jour je t'aime davantage,
Aujourd'hui plus qu'hier et bien moins que demain,
Qu'importeront alors les rides du visage ?
Mon amour se fera plus grave – et serein.
Songe que tous les jours des souvenirs s'entassent,
Mes souvenirs à moi seront aussi les tiens.
Ces communs souvenirs toujours plus nous enlacent
Et sans cesse entre nous tissent d'autres liens.
C'est vrai, nous serons vieux, très vieux, faiblis par l'âge,
Mais plus fort chaque jour je serrerai ta main
Car vois-tu chaque jour je t'aime davantage,
Aujourd'hui plus qu'hier et bien moins que demain.

Et de ce cher amour qui passe comme un rêve,
Je veux tout conserver dans le fond de mon coeur,
Retenir s'il se peut l'impression trop brève
Pour la ressavourer plus tard avec lenteur.
J'enfouis tout ce qui vient de lui comme un avare,
Thésaurisant avec ardeur pour mes vieux jours ;
Je serai riche alors d'une richesse rare
J'aurai gardé tout l'or de mes jeunes amours !
Ainsi de ce passé de bonheur qui s'achève,
Ma mémoire parfois me rendra la douceur ;
Et de ce cher amour qui passe comme un rêve
J'aurai tout conservé dans le fond de mon coeur.

Lorsque tu seras vieux et que je serai vieille,
Lorsque mes cheveux blonds seront des cheveux blancs,
Au mois de mai, dans le jardin qui s'ensoleille,
Nous irons réchauffer nos vieux membres tremblants.
Comme le renouveau mettra nos coeurs en fête,
Nous nous croirons encore aux jours heureux d'antan,
Et je te sourirai tout en branlant la tête

Et tu me parleras d'amour en chevrotant.
Nous nous regarderons, assis sous notre treille,
Avec de petits yeux attendris et brillants,
Lorsque tu seras vieux et que je serai vieille
Lorsque mes cheveux blonds seront des cheveux blancs.

A gestação do livro

Falar do tema da sexualidade vivida durante o envelhecimento foi uma construção a partir do meu desejo, da minha aquisição de conhecimentos, da minha ação pedagógica e, agora, da minha escrita.

Tudo começou na Pontifícia Universidade Católica de Goiás (PUC Goiás)[2] durante o curso de Medicina, onde desenvolvi minha docência com muito afinco, alegria e determinação.

Era o início do século XXI e estávamos construindo o curso de Medicina de acordo com as Diretrizes Nacionais Curriculares. Assim, introduzíamos novos temas no sentido de promover uma ação pedagógica ampla para formação de profissionais generalistas, capazes de atender e resolver por volta de 90% das questões de saúde da comunidade de maneira respeitosa, ética e humanista.

Dessa forma é que eu, como professora do 5.º semestre do curso, criei um módulo sobre sexualidade humana e saúde, no sentido de problematizar e debater a sexualidade como a pedra angular do ser humano. Na minha proposta, estudaríamos a sexualidade e não os transtornos da área sexual ou as disfunções sexuais, pois essas questões seriam tratadas nas especialidades de psiquiatria, ginecologia e urologia.

Desenhei, então, um plano de curso com aulas semanais seguindo uma certa ordem, tal como:

- Sexualidade, sexo, gênero e orientação sexual (compreensão dos conceitos);

---

[2] PUC Goiás. Disponível em: https://www.pucgoias.edu.br/. Acesso em: 22 abr. 2021.

- Estudo da sexualidade nas escolas médicas;
- História da sexualidade ao longo dos séculos;
- Desenvolvimento psicossexual da criança em Freud e Lacan;
- Sexualidade na adolescência;
- Sexualidade e envelhecimento;
- As várias sexualidades (gêneros e orientações sexuais) – pré-conceitos e discriminação;
- A sexualidade na relação médico-paciente.

Os estudantes fariam pesquisas, estudariam textos teóricos e trabalhos publicados em periódicos sobre cada tema e assistiriam a alguns filmes por mim indicados. Em classe, seriam convidadas pessoas de grande competência e conhecimento da área para debater com os estudantes. Eles teriam avaliações bimensais e fariam uma avaliação específica do módulo no final do semestre. Meu projeto foi avaliado e aceito pela coordenação do curso e assim o iniciamos.

Eu, evidentemente, precisei estudar o tema de forma ampla, pois, embora seja psicanalista, usei também textos da teoria *queer*, de psicologia social, de filosofia, antropologia e da área da saúde, como alguns trabalhos de representações sociais desenvolvidos e publicados por enfermeiros.

Comprei livros, vi inúmeros filmes e documentários e busquei teses a respeito dos temas. Os estudantes gostaram tanto do módulo que eles mesmos buscavam textos novos e indicavam bons filmes. E com o tempo o módulo de sexualidade foi ficando cada vez melhor e mais profundo. As avaliações das turmas, ao final de cada semestre, sempre engrandeciam o plano de curso, pois cada aluno trazia uma referência nova ou uma sugestão para o próximo semestre.

Com o tempo, consegui com a coordenação duas vagas para monitores, o que ampliou nossos estudos e atividades. Dessa forma, eu mesma fui construindo um saber teórico mais denso sobre sexualidade.

Percebi o quão pouco os jovens sabiam a respeito da sexualidade humana apesar de terem uma grande liberdade sexual. O tema de sexualidade e envelhecimento era sempre um dos que eles mais gostavam, pois lhes parecia uma surpresa descobrir que seus avós eram sexuados e que, muitas vezes, tinham vida sexual ativa!

Por outro lado, a literatura sobre sexualidade e envelhecimento era bem mais escassa do que a literatura sobre os outros temas. Os textos que encontrávamos diziam respeito, na maioria das vezes, às pesquisas feitas em abrigos ou casas de idosos. Também traziam costumeiramente ideias de que os idosos só queriam uma companhia para serem cuidados. Comecei a sentir falta de textos que falassem do desejo sexual, das fantasias sexuais e dos relacionamentos amorosos dos mais velhos.

Os velhos[3] do século XXI não são semelhantes aos idosos dos tempos antigos. Primeiro, porque estamos mudando a pirâmide social com um aumento expressivo da população maior de 65 anos em muitos países. Outro dado importante é que o desenvolvimento nas áreas da saúde tem permitido maior longevidade com melhor qualidade de vida. Áreas como a geriatria e a gerontologia abriram espaços para pesquisas e desenvolvimento de técnicas e medicamentos que beneficiam por demais essa parcela da população, permitindo uma vida saudável e atuante apesar dos anos vividos. Estamos vendo uma geração de grandes idosos que muitas vezes ainda estão bastante ativos e inseridos inclusive na tecnologia atual.

Os idosos do século XXI são os jovens das décadas de 40, 50 e 60 do século XX. Essas décadas são justamente os anos

---

[3] Escolhi usar a palavra "velho" como enfrentamento do pré-conceito existente na sociedade atual.

de maior mudança social e comportamental que tomou conta do planeta Terra e revolucionou desde os costumes, a moral, a ética, a ciência, a tecnologia e a visão de mundo.

Os velhos de hoje foram os jovens da famosa época "sexo, droga e *rock'n roll*". Foram os anos do sexo livre, de *Woodstock*[4], da pílula anticoncepcional, da minissaia, das lutas feministas, das grandes revoluções políticas e busca pela liberdade; foi a época dos *hippies*, da proposta de paz e amor, do consumo social de drogas lícitas e ilícitas, do debate político e filosófico, da guerra do Vietnã, da luta contra o racismo com Malcolm X[5] e Martin Luther King Jr. nos Estados Unidos e Mandela na África do Sul. Foi também um tempo de ruptura com as religiões cristãs tradicionais e a busca por religiões e seitas orientais e muitas vezes desconhecidas. Foi o momento histórico em que o homem pisou na lua. No Brasil, foram os anos de repressão e luta pela liberdade, do movimento cultural Tropicália, da Bossa Nova, do Cinema Novo, da nova capital Brasília e por aí vai... Resumindo, os idosos de hoje foram os jovens que viveram as transformações da contracultura e dos anos que "abalaram o mundo". Foram aqueles que "tiveram um sonho", como disse Martin Luther King Jr. em seu famoso discurso.

Os velhos dos tempos atuais são pessoas transformadoras que questionam os valores estabelecidos e revogam conceitos e pré-conceitos da sociedade em que vivem. Por isso, parece-me necessário levantar questões relacionadas à sexualidade desses "novos velhos", que certamente escrevem uma outra pauta para além do desejo de alguém ao lado para cuidar-lhes.

Esse meu pensamento me movimentou não só no sentido acadêmico de buscar publicações sobre esse tema, mas,

---

[4] *Woodstock Music & Art Fair* foi um festival de música realizado nos dias 15 a 18 de agosto de 1969 nos Estados Unidos. Inúmeros jovens participaram rompendo as normas sociais vigentes, permanecendo nus, praticando atos sexuais muitas vezes grupais e usando drogas ilícitas. Ficou famoso como um marco histórico da revolução de costumes da década.

[5] Malcolm X (Al Hajj Malik Al-Shabazz) foi um dos defensores do Nacionalismo Negro nos Estados Unidos. Símbolo de luta antirracista na época.

sobretudo, abriu meus olhos e ouvidos para escutar e perceber os atuais idosos em relação aos seus desejos mais íntimos.

Olhos e ouvidos bem abertos e atentos, comecei a escutar histórias. Os relatos que eu ouvia dos meus colegas ou de pessoas falando sobre a conduta médica ratificaram para mim o que eu já percebia: o médico entende da doença, do transtorno e das disfunções. Mas sabe muito pouco a respeito da sexualidade enquanto algo inerente do humano. Assim é que, diante dos desejos eróticos dos pacientes, o médico fica perplexo e estagnado como se presenciasse algo muito estranho... E a maior perplexidade para o profissional parece ser a existência de uma pulsão sexual em um idoso.

Um dia, escutei o relato de um caso em que um urologista que salvou a vida do paciente com câncer de próstata ficou certo de que o homem já idoso lhe agradeceria. No entanto o médico teve que enfrentar a fúria do paciente que se viu com uma importante disfunção sexual pós-cirúrgica. Evidentemente o profissional, muito bem formado na especialidade, não discutiu com o paciente as questões sexuais que estariam envolvidas com o ato cirúrgico tão importante na cura do câncer.

Outro caso semelhante foi o relato de uma pessoa sobre a orientação do urologista ao paciente que também se queixava da sequela cirúrgica. O profissional, sem saber exatamente o que dizer, sugeriu ao paciente que fosse "criativo"... Sabe-se lá o que o médico quis dizer com ser "criativo".

Essas pequenas resenhas mostram a necessidade de falarmos sobre o assunto. Sobretudo, ensinarmos sexualidade nas escolas médicas. Em especial, falarmos sobre a sexualidade no envelhecimento, pois na nossa sociedade os velhos são vistos como assexuados. Quando há uma manifestação mais explícita da sexualidade em um idoso, as pessoas costumam pensar que é sintoma de demência ou é uma postura "sem vergonha e abusada".

Partindo dessa primícia, continuei por 10 anos ensinando e aprendendo sobre sexualidade. Em 2017 pedi demissão da universidade para dedicar-me cada vez mais ao meu consultório de analista. Já havia encerrado uma profícua carreira médica e encerrava ali a minha carreira docente com todos os louros possíveis. Era hora de me debruçar mais sobre os estudos psicanalíticos...

Embora mantendo-me afastada da universidade, algumas vezes eu era convidada a debater com os estudantes algum tema do módulo da sexualidade. Assim, no primeiro semestre do ano de 2020, em plena quarentena devido à pandemia pelo vírus Sars-CoV-2 (Coronavírus), eu fui convidada a falar com os alunos do curso de Medicina da PUC Goiás sobre sexualidade na terceira idade. Diante desse convite tive que criar uma alternativa, visto que por ter mais de 60 anos e ter comorbidades eu não poderia sair de casa. Também tenho dificuldade em usar as plataformas de aulas remotas. Decidi então responder por escrito as perguntas dos jovens estudantes e, enviá-las para o debate que seria coordenado pelo professor da turma. E assim o fiz. Após a aula, o professor entrou em contato comigo contando-me como fora o debate. Segundo ele as minhas respostas foram muito interessantes e levantaram uma boa problematização a respeito do tema. Foi nesse momento que ele sugeriu que eu escrevesse sobre o assunto. Dessa forma, fiquei prenha deste livro.

Sabendo que é necessário o debate sobre o tema e que existem poucos livros que discutem a sexualidade e o envelhecimento no enfoque do desejo e do erotismo existente em cada idoso situado no século XXI, aos poucos foi vindo à minha mente o que eu havia discutido e ensinado ao longo de tantos anos. A escrita deste livro foi amadurecendo dentro de mim até ser parida nos tempos finais de 2020.

Pensando que este livro possa ser lido por estudantes das diversas áreas da saúde ou mesmo por profissionais médicos, enfermeiros, fisioterapeutas, e tantos outros que lidam com idosos, bem como pensando que possa ser um material interessante para professores das diversas áreas aqui descritas, resolvi trabalhar o tema com sugestões de filmes que possam trazer ao debate os assuntos que discutirei aqui.

    Neste capítulo inicial sugiro um documentário e um filme, ambos muito bons e que abrem espaço para a compreensão dos novos velhos do século XXI. O documentário americano "*Woodstock* – Três dias de Paz, Amor e Música"[6], dirigido por Michael Wadleigh, mostra com clareza o que foram aqueles tempos de sexo, droga e *rock'n roll*. Obviamente que nem todos os jovens daquela época participaram desse festival. No entanto foi um marco histórico de mudanças comportamentais, morais e éticas que transformaram as sociedades da época, abrindo novas perspectivas para cada jovem dentro de seu universo pessoal e familiar. Mesmo aquelas pessoas que não afrontaram de maneira tão explícita a moral vigente nos anos 60 tiveram, de alguma forma, uma mudança de visão de mundo e das relações afetivas, podendo vivenciar, cada uma à sua maneira, o seu próprio erotismo intrínseco do ser humano.

    O filme aqui sugerido é a produção brasileira "Como Nossos Pais"[7], dirigido pela cineasta Laís Bodanzky. Nesse filme, a protagonista mostra-se mais conservadora do que sua mãe idosa que vivenciou os anos de contracultura. É uma narrativa que abre veios para inúmeras abordagem e discussões. Penso que o desenrolar da história nos aponta para o desenvolvimento de uma nova mulher que alcança os estudos universitários, sai à rua para trabalhar e questiona a própria vida. Muito interessante é perceber como a mãe envelhece a partir das suas vivências juvenis.

    Espero que esta conversa entre mim, os meus leitores e as minhas leitoras possa acender uma luz, ainda que tênue, sobre a sexualidade vivida e experimentada pelos aqui chamados de

---

[6] WOODSTOCK – Três dias de Paz, Amor e Música. Director's Cut 40th Anniversary Special Edition. Produção Bob Maurice. Direção Michael Wadleigh. Estados Unidos: Warner Brothers, 1970. 2 discos (3 horas e 45 minutos), DVD, inglês, son., color.

[7] COMO Nossos Pais. Produção e direção Laís Bodanzky. Brasil: Imovision, 2017. 1 disco (1 hora 45 minutos), DVD, português, son., color.

novos velhos. Que meu texto possa ser leve o bastante para ser palatável e denso na medida do possível para ser instrumento de compreensão do erotismo e da sexualidade dos avós, dos pacientes, dos amigos e de si próprios.

# 3

Sexualidade, sexo e erotismo

A sexualidade em qualquer faixa etária é, até hoje, uma desconhecida. Nos tempos atuais fala-se muito em sexo, mas muito pouco se conhece sobre a sexualidade humana. Eu costumo dizer que mesmo a religiosa mais casta e celibatária que vive em claustro, isolada em um convento longínquo, é um ser sexuado. E o é por ser humana, pois a sexualidade é a "pedra angular" do Ser. Então, precisamos entender que falar de sexualidade não é apenas falar sobre sexo ou relação sexual. Falar de sexualidade é falar de vida, é falar de (im)possibilidades de realizar desejos, sejam eles explicitamente de cunho sexual, sejam eles uma possível criação artística ou mesmo uma dedicação e uma amorosidade relacionada às causas humanitárias. Por isso, é preciso entender o que de fato é a sexualidade humana, como está presente e seu desenvolvimento em todas as faixas etárias.

Vejo com certa preocupação a formação teórica de alguns médicos pediatras que estudam o crescimento e desenvolvimento da criança sem passar pelo desenvolvimento psicossexual apresentado por Freud. Penso que o conhecimento da sexualidade infantil pelo profissional pediatra ajudaria na orientação dos pais, e é necessário para avaliação do pequeno paciente em seu contexto familiar e social.

Causa-me mais espanto saber que na formação de um ginecologista e de um urologista geralmente não há um processo ensino-aprendizagem da sexualidade em si mesma. Eles aprendem a tratar as disfunções, mas não aprendem sobre sexualidade. Isso para mim é absolutamente desastroso. Na velhice então, é como se o paciente idoso fosse assexuado. Não é incomum que os ou as ginecologistas, ao atenderem senhoras acima de 60 ou 65 anos que sejam viúvas ou divorciadas, "esqueçam-se" de perguntar-lhes sobre a vida sexual. O mesmo ocorre na maioria dos atendimentos urológicos. As perguntas dos urologistas são quase sempre para rastrear sinais e sintomas que possam sugerir acometimentos da próstata. Pensando que sexualidade é a pedra angular do ser humano, é como se os idosos fossem amputados de sua essência humana.

A minha intenção neste livro é escrever de forma bastante autoral sem academicismo exagerado como citação de fontes, a exemplo de dissertações e teses, mas penso que necessária se faz uma base mais teórica sobre a sexualidade humana, para que fique claro que o ser humano pode decidir não viver a genitalidade, mas ainda assim continua sexuado. Dessa forma, abrirei um parêntese para pensar o tema na perspectiva psicanalítica com algumas poucas citações bibliográficas.

Em *Três Ensaios sobre a Teoria da Sexualidade*, Freud[8] descreve as tendências perversas[9] como parte constitutiva da sexualidade infantil, chamando assim a criança de "perverso polimorfo", e, partindo desse pressuposto, constrói uma teoria a respeito da sexualidade humana.

É evidente que a sedução não é necessária para despertar a vida sexual da criança,

---

[8] FREUD, S. Três Ensaios sobre a Teoria da Sexualidade (1905). In: FREUD, S. *Obras Psicológicas Completas de Sigmund Freud*: Edição Standard Brasileira – Um Caso de Histeria, Três Ensaios sobre Sexualidade e Outros Trabalhos (1901-1905). Volume VII. Rio de Janeiro: IMAGO Editora, 1996.

[9] Tendências perversas que Freud cita em relação à sexualidade infantil não significam tendências más. Significam maneiras diferentes, ou seja, que pervertem, que fazem ao contrário do que está posto. A criança vivencia o desenvolvimento de sua sexualidade infantil usando maneiras diferentes para sentir prazer. Como usa várias maneiras ao longo de seu crescimento, Freud percebeu um polimorfismo, ou seja, uma mudança nos comportamentos e maneirismos que levam a criança a sentir prazer. Daí ele ter criado o termo Perverso Polimorfo.

> podendo esse despertar surgir também, espontaneamente, de causas internas. [...] É instrutivo que a criança, sob influência da sedução, possa tornar-se perversa polimorfa e ser induzida a todas as transgressões possíveis. Isso mostra que traz em sua disposição a aptidão para elas; por isso sua execução encontra pouca resistência, já que, conforme a idade da criança, os diques anímicos contra os excessos sexuais – a vergonha, o asco e a moral – ainda não foram erigidos ou estão em processo de construção[10].

É exatamente por isso que crianças muito pequenas correm pela casa desnudas, muitas vezes manipulando a genitália, e não se sentem constrangidas diante de outras pessoas. Também podem, desnudas, tomar banho de mar, de piscina ou mesmo de duchas em quintais familiares com outras crianças sem nenhuma preocupação moral ou mesmo sem sentir vergonha. Já a criança maior, pré-adolescente, não se sente à vontade em permanecer desnuda em ambientes sociais, pois já adquiriu os ditos "diques anímicos".

O polimorfismo que a criança lança mão para conseguir sentir prazer vai desde a sucção do seio materno e do próprio dedo (visto inclusive nas ultrassonografias fetais), a retenção das fezes e satisfação em evacuar até a manipulação da genitália durante o período edípico.

Dentro desse horizonte traçado aqui de forma sucinta, a criança cria inúmeras alternativas. Assim é que o sugar tem lugar primaz no desenvolvimento psicossexual do bebê. Parece estranho falar de sexualidade em bebês, e, sempre que o falo, sinto os olhares condenatórios e horrorizados de uma plateia sobre a mim. Fico pensando que após tantos anos de Freud ter falado em sexualidade infantil, eu ainda sou vista como uma velha depravada que ousa derrubar a imagem do bebê

---

[10] FREUD, 1996, p. 179 –180.

"santinho ou anjinho". Como se falar de sexualidade fosse algo "depravado" ou "pecaminoso".

Voltando ao bebê que suga tudo o que está próximo a ele, como o seio materno, o braço de quem o pega ao colo, o próprio dedo, a sua mão e seu pé, o brinquedo que lhe dão, a ponta do lençol do berço e, obviamente, a querida e inseparável chupeta, vamos percebendo como Freud foi atento e perspicaz ao observar o que realmente ocorre com o ser humano desde sua mais tenra idade.

A sedução referida anteriormente por Freud por certo não é uma sedução com intuito de um abuso sexual. Mas outrossim, trata-se dos próprios cuidados maternais (ou, digamos, parentais) exercidos no dia a dia com o pequeno bebê. Quando a criança é lavada, limpa, tem suas fraldas trocadas, recebe palavras de carinho, beijos e afagos durante todo esse cuidado; quando a mãe ou a pessoa que cuida aplica-lhe um creme ou um pouco de talco; quando penteia seus ralos cabelinhos e, ao olhar para o bebê, afirma-lhe sua "fofura" e beleza, estamos vendo a construção de um ser erótico e desejante, um serzinho que desenvolve ali, durante esses cuidados, zonas erógenas que futuramente serão importantes dentro de toda sua sexualidade. Feliz é o bebê que passa por esses momentos de cuidado sendo devida e respeitosamente erogenizado, para tornar-se com os anos o idoso sexualizado sobre o qual falaremos um pouco mais à frente.

Ainda pensando no bebê e seu desenvolvimento psicossexual, é interessante relembrar Freud quando uma criancinha descobre que pode soltar ou prender suas fezes sob seu próprio controle. É bastante comum perceber um bebê que no colo de pessoas desconhecidas não evacua, mas ao passar ao colo de sua querida mãe expele graciosamente suas fezes como se fosse um presente à sua amada, pois nada mais é do que sua "obra artesanal". Aliás, muito apropriadamente, em Goiás, as pessoas da zona rural costumam chamar as fezes de "obra", dizendo, muitas vezes, que a criança "obrou".

Também não é infrequente que crianças muito pequenas, ainda em uso de fraldas, evacuem, e quando a mãe ou alguém que está cuidando delas tenta limpá-las, as crianças saem correndo satisfeitas e alegres até caírem sentadas ao solo e sentirem com grande prazer as fezes espalharem-se por todo o seu períneo e pelos glúteos. Algumas crianças são vistas levando as suas próprias fezes à boca sem nenhum nojo, ou seja, como diz Freud, sem nenhuma interferência dos diques anímicos.

Na teoria freudiana a criança só construirá a censura, a vergonha e todas as interdições após passar por um difícil período que ele denominou de Complexo de Édipo, que pode durar muitos anos (praticamente dos 2 aos 6 anos). Nesse período a criancinha, que é apaixonada pelas figuras materna e paterna, descobre tristemente que seus amados não são sua propriedade, e que ela não é o único amor da vida deles. Ao descobrir a relação afetivo-sexual de seus pais, ao descobrir que a mãe e o pai têm outras coisas que lhes importam muito, a criança vive um momento de profunda tristeza e interdição. Assim, o ser humano descobre que é faltante e que necessita estar com outros seres humanos para dar conta de um espaço que vai permanecer sempre vazio e desejoso de ser complementado. Nesse momento o pequeno Ser vai se haver consigo mesmo e vai aprender que na vida existem frustrações e que precisamos dar conta disso.

Ser amado e acarinhado é importantíssimo, mas também reconhecer as interdições ainda na infância organiza a capacidade do ser humano de vivenciar posteriormente os dramas da vida de uma forma bastante madura e adequada

Certo é que o desenvolvimento sexual infantil descrito por Freud em 1905 pressupõe um contexto familiar da Áustria no começo do século XX. Naquela época, a grande maioria das famílias eram nucleares tradicionais, nas quais as mães (mulher cisgênero heterossexual) se responsabilizavam pelos cuidados com suas crianças, enquanto os pais (homem cisgênero heterossexual), provedores, saíam a trabalhar, retornando aos lares para, de certa forma, instituir a lei a ser obedecida por toda a família[11,12,13].

A formação superegoica[14], segundo Freud, se dá na vivência edípica quando do enfrentamento do complexo de castração, ou seja, por meio da vivência das interdições citadas anteriormente. Na visão freudiana a criança, mediante a resolução de seu Complexo de Édipo (se é que se pode resolvê-lo totalmente!), torna-se um sujeito de cultura capaz de ser inserido no meio social[15,16,17,18].

O complexo de Édipo e seu herdeiro, o Superego, são matrizes conceituais conjecturadas por Freud, que foram organizadas com base nas condições socioculturais e econômicas da época, ou seja, uma organização social hierárquica, centralizada na figura do pai como o responsável por assegurar o patrimônio familiar e a inserção da criança na cultura, estabelecendo na família uma ordem que era representante dos interditos e das leis da civilização[19].

As mudanças socioculturais com consequentes transformações nos padrões familiares impactam os constructos

---

[11] FREUD, S. Análise de uma fobia em um menino de cinco anos (1909). In: FREUD, S. Obras Psicológicas Completas de Sigmund Freud: Edição Standard Brasileira. – Duas Histórias Clínicas: O "Pequeno Hans" e o "Homem dos Ratos" (1909). Volume X. Rio de Janeiro: IMAGO Editora, 1996.

[12] ZANETTI, S. A. S.; HÖFIG, J. A. G. Repensando o Complexo de Édipo e a Formação do Superego na Contemporaneidade. Psicol. cienc. prof., Brasília, v. 36, n. 3, p. 696-708, sept. 2016.

[13] COSTA, E. F. L.; BOTTOLI, C. (Re)Pensando o Complexo de Édipo na Contemporaneidade e as Novas Configurações Familiares. Barbarói, Santa Cruz do Sul, n. 40, p. 48-62, jan./jun. 2014.

[14] O Superego é a instância mental que mantém a lei dada pelo pai ou por quem faz a função paterna. É o superego que se responsabiliza pela manutenção dos chamados diques anímicos. Em última instância é o Superego que nos "chama a atenção", nos mantendo dentro dos padrões sociais civilizatórios. Seria em outras palavras o Grilo Falante da história do Pinóquio.

[15] FREUD, 1996.

[16] ZANETTI; HÖFIG, 2016.

[17] COSTA; BOTTOLI, 2014.

[18] NASIO, J. D. Édipo: complexo do qual nenhuma criança escapa. Rio de Janeiro: Jorge Zahar, 2007.

[19] ZANETTI; HÖFIG, 2016.

freudianos e muitos autores chegam mesmo a questionar a existência hoje do Complexo de Édipo. Apesar de tantas controvérsias e questionamentos a respeito das múltiplas conformações familiares, alguns autores, segundo Zanetti e Höfig[20], asseguram que o complexo de Édipo continua vivo, sendo um elemento organizador do psiquismo, e que a família ainda é um fenômeno universal enquanto estrutura, em que se instaura a ordem social, por meio da transmissão dos interditos que são necessários à continuação da sociedade.

A questão da sexualidade infantil e sua articulação com as transformações socioculturais parece ter sido sempre uma interrogação para o próprio Freud, já que ele reescreveu os *Três Ensaios sobre a Teoria da Sexualidade* por quatro vezes consecutivas, divergindo em algumas colocações iniciais na medida em que a sociedade médica apropriava-se dos conhecimentos da física e da química no final do século XIX e início do século XX, buscando ser uma verdadeira ciência com novos conceitos, afastando-se das áreas das humanidades e construindo um pensamento mais biologicista e cientificista (entendendo-se aqui a ciência "dura", positivista e quantitativa).

A questão é que este livro não versa sobre a sexualidade infantil, por isso não vamos adentrar nas contradições sobre o tema. O importante é que tenhamos em mente que desde feto, o ser humano já apresenta uma certa sexualidade, pois já suga seu polegar quando descansa prazerosamente no útero materno. Ao ser estimulado pelo ultrassonografista, que muitas vezes usa o transdutor do aparelho para pressionar um pouco o ventre materno no sentido de que o feto possa mudar sua posição, ele imediatamente deixa a sucção do dedo e procura uma outra posição para ficar confortável. Isso nos aponta para uma questão muito importante: há algo em nós, humanos, que nos faz buscar um prazer que, segundo Freud, é a própria vivência da sexualidade.

---

[20] ZANETTI; HÖFIG, 2016.

Por outro lado, em 1915 Freud[21] trabalhou o conceito de pulsão como constructo fronteiriço entre o corpo e o psiquismo, que se coloca como uma força/estímulo (*trieb*) que não advém do mundo exterior, mas sim do interior do sujeito. A pulsão jamais atua como uma força momentânea de impacto, sendo, portanto, uma constante (algo que "pulsa" o tempo todo). A pulsão não permite fuga, já que não é um ataque exterior ao corpo, mas algo de dentro do Ser, do interior, algo que faz parte do sujeito. Sendo assim, o ser humano tem que se haver com a pulsão todo o tempo de sua existência. E a pulsão não prevê uma total e persistente satisfação, de maneira que o sujeito estará continuamente "pulsando em desejos" que não poderão ser satisfeitos de maneira plena, mas que poderão de alguma forma, por meio de metáforas, fantasias, sonhos e devaneios, encontrar um caminho para realizar o prazer.

Quando Freud iniciou sua escrita da pulsão, a reconheceu como uma força de vida que buscava diminuir a excitação causada pelo desprazer, levando consequentemente, por diversos caminhos, ao prazer. Assim sendo, nós viveríamos todo o tempo de nossa existência alternando entre o desprazer que nos deixa excitados e a busca pelo prazer que nos permitiria viver um estado de extremo bem-estar e relaxamento. É necessário lembrar que o prazer completo é ilusório e que o ser humano, devido à experiência do complexo de castração, vai, de alguma maneira, encontrar um caminho alternativo para complementar seus espaços vazios, ou seja, para aproximar-se do prazer tão desejado. A essa pulsão de vida Freud denominou de pulsão sexual. Já em 1920, ele descreveu a pulsão de morte em contraponto à pulsão de vida (pulsão sexual) e declarou que a pulsão de morte é a pulsão predominante do ser humano. Ou seja, se nós humanos não tivéssemos sexualidade, não ficaríamos vivos. De alguma forma, por meio de algum caminho, precisamos dar espaço para a nossa pulsão sexual.

---

[21] FREUD, S. *As Pulsões e seus Destinos/Triebe und Triebschicksale*. (Edição bilíngue). 1. ed. 2. reimp. Belo Horizonte: Autêntica Editora, 2017.

Ora, pensando na sexualidade infantil perversa polimorfa e na pulsão sexual em contraponto ao desprazer e à pulsão de morte, entendemos que sexualidade é tudo aquilo que existe na vida mental em coexistência com o corpo (soma) que nos mantém vivos e capazes de lidar com o desprazer, tendo possibilidade de, por meio de um dos caminhos da pulsão, conseguir a experiência do prazer tranquilizador, ainda que seja incompleto.

Dentre os caminhos da pulsão sexual, a sublimação é um ponto intrigante e que permite uma vivência bastante adequada, significativa e prazerosa muitas vezes substituindo a genitalidade. A vida monástica em perene oração, a vida dedicada exclusivamente às questões humanitárias ou ecológicas, a existência voltada para pesquisas extremamente importantes e difíceis, as grandes criações artísticas, podem afastar o sujeito de uma vida sexual genital ativa. Vários são os exemplos conhecidos de pessoas que doaram a sua vida para determinada causa e se afastaram da possibilidade de ter uma parceria sexual amorosa. Dentre essas pessoas, o maior exemplo é Freud, que, segundo ele próprio, abriu mão da vida sexual genital ativa após o nascimento da sua última filha e dedicou-se profundamente às suas descobertas e à escrita de uma teoria que viria a ser um marco histórico a transformar o entendimento sobre o ser humano e suas vicissitudes. Outro exemplo a ser citado foi Mahatma Gandhi, que, também, abdicou de sua atividade sexual genital para viver sua sexualidade em sua luta pela independência da Índia e de seu povo. A biografia do jovem Giovanni di Pietro di Bernardone mostra claramente como, ao se tornar Francisco de Assis, transformou o caminho de sua pulsão sexual juvenil. Assim, mantendo-se casto, sem uma vida sexual genital ativa, direcionou toda sua sexualidade e virilidade para seu belíssimo trabalho humanitário e sua luta para a transformação da Igreja Católica.

Entendido que o conceito de sexualidade é muito mais amplo que o conceito de genitalidade ou mesmo de sexo ou de ato sexual, é possível perceber que enquanto vivos, somos todos seres sexuados independentemente da faixa etária. Todos, de alguma maneira, fomos amados, amamos e fomos interditados pelos nossos pais ou cuidadores de forma a vivenciarmos uma sexualidade infantil que, ao sermos adultos, nos serve como pano de fundo para darmos conta das questões da vida por mais difíceis que nos pareçam ser.

Sexo é apenas um conceito biológico. Considera-se que pessoas com um par de cromossomas XY são do sexo masculino. O fenótipo masculino dado por esses cromossomas inclui a presença de pênis e testículos em saco escrotal, pilificação própria como barba na face e pelos em forma losangular na genitália após a adolescência e produção de níveis elevados de testosterona na fase adulta.

As pessoas que têm dois cromossomas X em par terão fenótipo feminino. Terão mamas com mais tecido mamário que os outros com par cromossômico XY, terão útero e ovários e a pilificação da genitália será triangular. Ao chegar à adolescência, essas pessoas produzirão estrógeno e progesterona em ciclos, apresentando sangramento menstrual a cada ciclo não gravídico.

Sexo é diferente do conceito de gênero. Considera-se gênero a construção social de uma pessoa. Como a pessoa se sente diante da vida e diante dela própria. Assim, o gênero masculino nem sempre coincide com o sexo biológico masculino. O mesmo ocorre com a pessoa de gênero feminino, que pode ter um par cromossômico XY. Quando sexo e gênero coincidem chamamos de cisgênero. Quando não coincidem, chamamos transgênero. Hoje em dia, diante das múltiplas sexualidades, existem outras possibilidades com nomes diversos que não vêm ao caso de nossa discussão.

É importante pensar que não escolhemos o nosso sexo biológico, tampouco o nosso gênero e muito menos ainda a nossa orientação sexual. Tanto em crianças como em adolescentes, adultos e idosos podemos encontrar qualquer manifestação da sexualidade. Temos um exemplo público de uma importante cartunista brasileira que, já idosa, assumiu seu gênero e sua sexualidade.

Resta-nos pensar o que é o erotismo. Para tanto vou construir uma imagem pictórica. Imagine, caro leitor, que um ser humano é como uma casa, construído segundo uma predeterminação genética (sexo). No entanto uma casa pode ser um lar, uma clínica médica, um *pet shop*, uma confeitaria, um escritório de advocacia, dependendo de como ela é vista e de como ela possa ser enquanto uma casa (gênero). Essa casa só será algo de fato existente se ela estiver com móveis, instalações elétricas, água e toda uma decoração. Quanto mais for investido afetuosamente na decoração e no cuidado dessa casa, mais ela estará "viva", existindo no panorama urbanístico (sexualidade).

Com essa metáfora em mente, imagine, caro leitor, que você vai passando pela rua e vê essa casa. Tem algo nela que lhe chama a atenção. Algo que você não sabe explicar. Você sem perceber para e fica encantado com a casa. Tem ali uma janela um pouco aberta com uma cortina diáfana que voa ao vento e que teimosamente deixa uma de suas pontas sair balançando pela janela. Você fica parado, olhando, e sem perceber está envolto em pensamentos...

"Como será essa casa por dentro? Essa janela será da sala? Ou de um quarto? Será um quarto de uma bela jovem? Quem será que mora nessa casa?"

E a cortina que continua flutuando ao vento quase lhe chama, lhe acena, e faz você sorrir... Um sorriso tímido, envergonhado (dique anímico) e suave... Você olha ao seu redor para ter certeza de que ninguém percebeu seu sorriso maroto, quase abobado, mirando a janela semiaberta. Em sua mente, imaginou uma jovem com uma blusa simples com vários botões abertos e um dos seios quase à mostra. Os cabelos voando ao vento como a cortina... E você quase pode ver com clareza o seio da moça pensada, idealizada em seu devaneio (sexualidade infantil – seio – perverso polimorfo). Você se assusta, está extremamente excitado, com medo do que possa fazer, com vergonha, e vai embora buscar um caminho para realizar sua pulsão.

Caro leitor, você poderia ir até a porta da casa e soar a campainha, mas tem vergonha de fazê-lo. Ao mesmo tempo, lembra-se de que quando criança foi à casa da moça bonita e perguntou-lhe qualquer coisa que nem mesmo se lembra. Só se lembra do seu embaraço. Você também pode ir para sua casa e realizar seu desejo sexual com sua parceria amorosa, ou, quem sabe, correr para o computador e escrever um poema... Qualquer desses caminhos é uma busca de diminuir a excitação que sentiu com tudo o que se passou. É uma busca de prazer para ficar tranquilo e poder descansar... Essa é a questão da pulsão... Fica "pulsando" até que você possa encontrar um lugar para se sentir um pouco mais apaziguado.

Caro leitor... a esse clima que se estabeleceu a partir de uma cortina ao vento, a essa onda de afetos que o envolveu, a esse conjunto de sensações que lhe deixaram excitado e que lhe permitiram vivenciar a pulsão sexual, chamamos erotismo.

Se a casa do nosso exemplo não tivesse sido construída, se não tivesse sido habitada, cuidada, conservada, se não tivesse uma janela entreaberta por onde o sol pudesse penetrar sua luz e a cortina pudesse esvoaçar ao vento, se essa casa não tivesse esse clima erótico, amoroso, sensual, que mobiliza desejos, essa casa não existiria enquanto uma casa... Seria apenas uma construção abandonada!

Para que esses conceitos possam ter uma apresentação realística, sobretudo em uma pessoa idosa, sugiro a apreciação do excelente documentário brasileiro "Laerte-se"[22], dirigido por Eliane Brum e Lygia Barbosa da Silva. Tal documentário apresenta a conhecida artista plástica e cartunista Laerte, que, após os 60 anos, assumiu suas questões relacionadas à sua

---

[22] LAERTE-SE. Produção TrueLab para Netflix. Direção Eliane Brum e Lygia Barbosa da Silva. Brasil: Netflix, 2017. (1hora 40 minutos) Português, son., color. Disponível em: https://www.netflix.com/br/title/80142223. Acesso em: 1 dez. 2020.

sexualidade. Laerte fala sobre seus pais e sua relação com eles, apontando como se sentiu ao se apresentar ao pai e, sobretudo, à sua mãe como uma pessoa transgênero. Vai ao longo do documentário mostrando seus maneirismos eróticos do mundo feminino e falando sobre sexo, gênero e erotismo. Deixa claro que os conceitos da biologia pura (sua mãe é bióloga) não alcançam a dimensão da sexualidade humana. E, coincidentemente (devo dizer que assisti ao documentário depois de escrever a metáfora imagética do erotismo), toda a filmagem, e a entrevista com Laerte, é entrecruzada com cenas da reforma de sua própria casa...

Outra sugestão para compreender tais conceitos na vivência da velhice é o filme "Candelaria"[23]. Trata-se de um drama dirigido por Jhonny Hendrix Hinestroza, cuja história se desenrola em Cuba na década de 90 do século XX durante o final da Guerra Fria e em pleno embargo econômico sustentado pelos Estados Unidos. A narrativa apresenta as vicissitudes de um casal de idosos septuagenários. No início do filme, ambos se encontram em uma relação de amor fraternal quando ela se envolve com seu trabalho, seus pintinhos, criando-lhes com carinho maternal e sua música, enquanto ele se envolve com seu trabalho e com a venda supostamente clandestina de charutos de Havana.

O casal, como todos os cubanos, passa por grandes dificuldades para conseguir comida e melhores condições de vida, visto que o embargo econômico privou aquele país das possibilidades existentes em alhures. São muitas situações de desprazer: fome, doença e falta de luz elétrica. Os poucos prazeres não são compartilhados, e cada um busca o que pode para dar conta do sofrimento.

Fica claro, na narrativa, que há muito tempo ambos já não se tocam. Os beijos ocorrem somente quando a senhora

---

[23] CANDELARIA. Produção Jhonny Hendrix Hinestroza, Barbara Sarasola-Day, Federico Eibuszyc, Claudia Calviño, Juan Diego Villegas. Direção Jhonny Hendrix Hinestroza. Colômbia, Alemanha, Argentina, Noruega, Cuba: ANTORCHA Films, 2017. 1 disco (1 hora 25 minutos) DVD e Blu-Ray, alemão e espanhol, son., color.

beija seus pintinhos como se beijasse crianças. O erotismo está escondido, mas não totalmente ausente na vida dessa velhinha. Ambos se cuidam e cuidam de suas doenças. E isso parece ao espectador que basta para os dois. Mas a pulsão sexual continua dentro de cada um, pulsando infinitamente.

Em uma cena inicial, surge a idosa protagonista em um vestido vermelho rutilante cantando uma bela canção cubana. Em outra cena, a mesma senhora aparece maquiando-se de forma rudimentar como se passasse um batom vermelho e um *blush* rosado. Em ambas as cenas, chamam a atenção os tons vermelhos em relação ao aspecto envelhecido e aos cabelos brancos da protagonista. Claramente uma metáfora do erotismo e da pulsão sexual que ainda flamam dentro do corpo já alquebrado pela idade.

Ocorre um incidente que põe nas mãos desse casal de velhos uma câmara, que vai proporcionar um caminho da pulsão sexual que clama por momentos de prazer frente a todo o sofrimento imposto pela condição socioeconômica daquele povo.

O primeiro a abrir um espaço erótico na relação há muito adormecida no dia a dia do casal é o velho e alquebrado esposo que, discretamente, filma a velhinha saindo do banho enrolada em uma toalha. A cena é de uma poética fantástica, pois o corpo flácido e enrugado ganha uma sensualidade sutil e suave com os detalhes captados pela câmara. É o olhar que sensualiza e erotiza o objeto olhado, apreciado e, então, desejado.

Cenas belíssimas se seguem em que ambos vão se envolvendo e se reencontrando em seus desejos, em seus devaneios e em seus impulsos chegando aos poucos a retomarem a vida sexual ativa.

As cenas são de uma pureza e de uma estética que encanta os espectadores. A suavidade dos encontros, dos toques, das fantasias vividas pelos dois e da alegria que eles encontram nessa nova maneira de contemplar a pulsão sexual é um verdadeiro ensinamento de sexualidade possível e prazerosa na senectude.

A fome ameaça a vida e, segundo Freud, a fome e o sexo são as duas condições que mobilizam o sujeito em prol da vida. Dessa forma, os velhinhos que se reencontram em suas sexualidades acabam por aceitar condições em que os diques anímicos são postos de lado para conseguirem o dinheiro necessário para comprar comida.

A idade avançada relaxa as interdições da vida e abre espaços para a realização de atos até então impossíveis de se vivenciar. Fantasias, devaneios e desejos até então proibidos podem ser liberados em condições extremas de necessidades ou mesmo devido ao sentimento de finitude.

Vivenciar uma sexualidade real, verdadeira e plena pode ser a escolha de pessoas que sabem que não vão viver por muito tempo e que, portanto, precisam aproveitar bem o pouco que lhes resta de tempo de vida.

Lidar com a finitude de nós mesmos ou com a perda de nosso objeto de desejo e de amor torna-se extremamente doído, mas suportável pela interdição já vivida e trabalhada na infância.

Nesse filme, há um reaparecer do perverso polimorfo que pode fazer de tudo que lhe traga prazer, pois já não leva mais em consideração os diques anímicos e pode usar de toda a criatividade para amar e ser amado.

Um filme que encanta, que emociona e que ensina muito sobre o amor, o erotismo e a vivência da sexualidade após os 70 anos.

Dessa forma, termino este capítulo com uma bela e poética citação:

> A sexualidade pode ser vista como uma quinta estação a atravessar o verão, o outono, o inverno e a primavera em nossas vidas. E, mesmo que a meteorologia ainda não a reconheça plenamente, podemos afirmar que ela possui umidade relativa do ar, insolação e temperatura própria. Seu clima não está necessariamente atrelado à

sequência pênis, vagina, penetração e orgasmo. Seu maior atributo é o erotismo, que exige sofisticação das formas de prazer sexual e corações abertos para o desconhecido dos corpos, pele, mãos e línguas – e tudo o mais que nossa criatividade permitir. A imaginação, a encenação e as palavras são elementos importantíssimos dessa quinta estação, mas a transgressão é seu elemento fundamental[24].

---

[24] SADDI, L. Erotismo: e onde fica o amor? *Ide (São Paulo)*, São Paulo, v. 34, n. 52, p. 206-210, ago. 2011.

4

Moda, velhice e sexualidade

A moda, ao longo dos séculos, vem marcando os comportamentos, a vivência da sexualidade, o padrão socioeconômico, a profissão, enfim, todos os constructos sociais de cada geração. Assim é que existem hoje museus dedicados à moda com detalhes de cada tempo. Os tecidos usados, as cores das roupas, os adereços, a maneira de usá-las, tudo representa a sociedade de cada época. Padrões sociais, morais e éticos se inscrevem nas vestimentas tanto das mulheres quanto dos homens. É interessante pensar que nos anos 60/70 do século XX, quando os atuais idosos eram jovens ou adolescentes, a moda passou por transformações contraculturais inclusive confundindo os gêneros e as condições sociais. Exemplos desse movimento estético foram as jovens modelos, em passarelas de grandes estilistas, que se apresentavam em uma concepção andrógena. Os grandes olhos claros com cílios postiços e o cabelo curtíssimo, ao estilo *pixie cut*, eram a marca registrada da *top model* inglesa Twiggy, que revolucionou a estética feminina daqueles anos de rebeldia e transgressão, e hoje aos 70 anos, ainda é um ícone da moda atual.

As bandas de *rock'n roll*, os *hippies* e outros agrupamentos jovens de contracultura trouxeram aos homens a possibilidade de manterem os cabelos longos e despenteados, ornados com tiaras ou bandanas e até mesmo com flores. As calças da marca LEE, de padronagem *jeans*, entraram nos armários de moças e rapazes deixando todos mais livres e despojados. As roupas eram complementadas com pinturas ou mesmo com manchas coloridas, rendas ou algum outro adereço. A marca principal era o conforto e despojamento. As minissaias deixavam as pernas expostas ao olhar do outro e o desejo já não era interditado como no início do século XX. As anáguas perderam lugar na vestimenta feminina e os *soutiens* aos poucos foram deixando de serem usados e os seios ficaram livres. Já era possível fotos de atores sem camisa, ou de atrizes europeias em *topless*. A atriz brasileira Leila Diniz posava grávida, de biquíni na praia, escandalizando a sociedade da época. A nudez já não seria castigada como bem dizia o filme da época!

As mulheres adentravam em faculdades, embora ainda em número bem menor que os homens. A presença feminina no campo laboral começava a abarcar algumas profissões ditas masculinas. Os gêneros se confundiam e as possibilidades de viver a suas sexualidades começavam a surgir entre os jovens. Mesmo mulheres cisgênero heterossexuais usavam gravatas e paletós e, também sapatos tipo *Oxford*, ficando com uma estética do que seria anteriormente do masculino. A moda era construída para transgredir os valores morais, éticos e comportamentais. Eram roupas para chocar os mais velhos, pois naquela época o embate de gerações estava estabelecido. Os atuais novos velhos, em praticamente todos os aspectos, foram embativos, e buscaram lutar pelos seus direitos e pela sua liberdade de expressão.

Os atuais idosos, jovens daquela época, continuam revolucionando os modelos estéticos tanto em referência às roupas quanto aos sapatos, a bolsas, adereços, penteados e toda uma gama de acessórios da moda atual. Pessoas com mais de 65 anos passeiam em centros comerciais e compram roupas e sapatos nas mesmas lojas que os jovens frequentam. Uma senhora idosa, nos dias atuais, pode usar com bastante elegância e bom gosto calças *skinny*, pantalona, *flare*, *pantacourt* a depender de seu tipo físico e de como combina o traje. Os homens idosos usam calças *jeans*, roupas esportivas, bermudas, camisas polo, camisetas e qualquer outra peça de roupa que lhes agrade. Os sapatênis são do agrado de ambos e apresentam uma gama enorme de cores e modelos. Marcas fabricantes de sapatos para mulheres idosas estão hoje vendendo novos modelos, todos muito bonitos e confortáveis. As bolsas muitas vezes são trocadas por mochilas. Não mais mochilas despojadas como as do passado, mas agora mochilas estilosas tanto para as senhoras como para os senhores elegantes e casuais.

A moda que os idosos usam hoje não mais deixa clara a condição social, pois as confecções populares têm produzido peças a preços módicos, porém de boa qualidade. Homens e mulheres de mais de 65 anos podem, de alguma forma, se vestir de maneira adequada a qualquer ocasião com custos variáveis dependendo da possibilidade de cada um.

Há muito que os idosos deixaram de lado os óculos tradicionais em cores escuras. Óculos charmosos e coloridos ornamentam o rosto envelhecido de homens e mulheres. Não é incomum vermos homens mais velhos com pulseiras ou mesmo brincos. Algumas senhoras usam *piercing*. Ambos deixam à mostra tatuagens em braços, em pernas, em dorso ou em outras partes do corpo.

Os cabelos antes pintados para esconder o envelhecimento começam agora a se apresentarem brancos ou grisalhos, porém em cortes estilosos, seguindo a tendência lançada pela atriz americana Meryl Streep no filme "O Diabo Veste Prada"[25], dirigido por David Frankel. É um movimento de resistência e transgressão das senhoras idosas que assumem seu envelhecimento, mas continuam atualizadas e mantendo um corpo saudável e a mente aberta ao novo. Também os homens têm assumido os cabelos grisalhos, a exemplo dos belos atores de vários países que, ao envelhecerem, passaram a ser vistos como mais charmosos e sedutores. Complementando o que podemos chamar de tendência ao grisalho, os senhores estão

---

[25] THE DEVILL Wears Prada (O Diabo Veste Prada). Produção Wendy Finerman. Direção David Frankel. Estados Unidos: 20th CENTURY FOX, 2006. (1 hora 50 minutos) Inglês, son., color. Disponível em: https://www.youtube.com/watch?v=DDiIfMO-qEc. Acesso em: 1 dez. 2020.

aderindo às barbas bem cuidadas em vários estilos mantendo sempre a cor natural. Digamos que, para esta nova geração de idosos, ser grisalho é estilo e não patente de decadência.

Hoje, com o advento da *internet*, em páginas bastante cotadas pelas mulheres, e, por que não dizer, também pelos homens, já se vê, com frequência, fotos de belas senhoras de cabelos grisalhos lançando tendências de moda tanto de vestimentas quanto de sapatos, acessórios, maquiagem e até cortes de cabelos e penteados. Calças colantes ao corpo, blusas decotadas e vestidos com certa transparência surgem hoje com naturalidade nas revistas de moda e nas mais sofisticadas lojas de roupas voltadas ao público da terceira idade. Lojas de departamentos apresentam uma gama de possibilidades. Não existem mais barreiras que impeçam as senhoras sexagenárias, ou até mais velhas, de se vestirem de forma sensual e elegante sem cair no ridículo de querer parecer uma jovem adolescente. Em relação à moda masculina, a *internet* fornece uma gama enorme de páginas referentes às tendências para senhores acima de 50 anos ou mesmo acima de 60, 70 ou 80 anos. Fotos de homens dos mais variados estilos, nessas faixas etárias, em poses sensuais, lotam as plataformas de redes sociais tanto do comércio da moda como particulares.

No Brasil e no exterior, abre-se uma nova possibilidade de trabalho para aquelas pessoas que muitas vezes já estão aposentadas, porém ainda se sentem bastante ativas. Assim, surgem como modelos, inclusive de lingerie sensual, mulheres com mais de 70 anos, a exemplo da brasileira, filha de poloneses, Helena Schargel[26]. O mesmo ocorre em relação aos homens. Hoje, já se promovem fotos de modelos grisalhos ou bastante envelhecidos com charmosos cortes de cabelo, de barba, e até mesmo com várias tatuagens à mostra. Um grande exemplo

---

[26] Instagram: @helenaschargel. Disponível em: https://www.instagram.com/helenaschargel/?hl=pt-br. Acesso em: 22 abr. 2021.

dessa mudança cultural é o chinês Wang Deshun[27], que aos 80 anos se tornou modelo, inclusive participando com muito charme de desfiles de moda.

Vale dizer que no Brasil a maior referência em moda e estilo é uma belíssima senhora de 81 anos de idade. Nascida na Itália e radicada em São Paulo, Costanza Maria Teresa Ida Clotilde Giuseppina Pallavicini Pascolato[28] é uma importante empresária e consultora de moda, grande influenciadora de comportamento social e integrante da Sociedade Brasileira de Moda. Além de uma brilhante carreira como colunista nas revistas *Cláudia* e *Vogue*, ainda assina uma coluna no jornal *Folha de São Paulo* e criou uma coleção de joias da cadeia de lojas H. Stern. Publicou quatro livros, a saber: *O Essencial* (1999), *Confidencial – Segredos de Moda, Estilo e Bem-Viver* (2009), *Meu Caderno de Estampas* (2015) e *A Elegância do Agora* (2019). Costanza Pascolato participa de programas televisivos, faz palestras, participa como convidada em aulas em faculdades de moda, mantém redes sociais e é presença atuante nas famosas *fashion weeks* no Brasil e no exterior. Para Costanza Pascolato, a moda é um comportamento social de um determinado momento da história. É o retrato de uma cultura[29], e estilo é algo que conceitua uma pessoa.

> Estilo é o que dá forma ao pensamento e mostra quem você é de verdade. Estilo distingue quem espelha de quem irradia. Estilo é conquista individual, plena de autonomia. Ele nos dá sentido de competência, prazer e segurança. Transcende tempo e gênero[30].

---

[27] #wangdeshun. Disponível em: https://www.instagram.com/explore/tags/wangdeshun/. Acesso em: 22 abr. 2021.

[28] Instagram: @constanzapascolatos2g. Disponível em: https://www.instagram.com/costanzapascolatos2g/?hl=pt-br. Acesso em: 22 abr. 2021.

[29] OLIVEIRA, D. As Icônicas Frases de Costanza Pascolato. *Blog Sem Geração*. Postagem feita em 13 de fevereiro de 2014. Disponível em: https://semgeracao.wordpress.com/2014/02/13/as-iconicas-frases-de-costanza-pascolato/. Acesso em: 13 out. 2020.

[30] PASCOLATO, C. Citação sobre estilo *In Por Dentro da Moda (Blog)*. Disponível em: http://pordentrodamodabymarinact.blogspot.com/2013/08/estilo-por-constanza-pascolato.html. Acesso em: 1 dez. 2020.

Outra grande referência em moda e estilo no Brasil é Glória Kalil Rodrigues Meyer[31]. A bela senhora de 76 anos é jornalista, empresária e consultora de moda brasileira. Escreveu os livros: *Chic: um guia de moda e estilo para o século XXI* (1998), *Chic Homem. Manual de Moda e Estilo* (1998), *Chic: um guia básico de moda e estilo* (2003), *Chic[érrimo]: moda e etiqueta em novo regime* (2004), *Alô, Chic's* (2007), *Fashion marketing: relação da moda com o mercado* (2010), *Viajante Chic: Dicas de Viagem* (2012) e *Alô! Chics – Audiobook* (2016). Nas palavras de Glória Kalil pode-se perceber como a moda se transforma no tempo e transforma a sociedade do tempo atual:

> A moda mudou muito. Existe uma imagem famosa do (estilista francês) Christian Dior, em que ele segura uma fita métrica na barra de uma saia de uma moça e diz: "A barra da saia deve estar a 40 centímetros do chão". Ficasse bem em você ou não, tanto faz. Você precisava usar aquilo para mostrar que pertencia a uma determinada classe, ou então estava por fora. Hoje, as pessoas se vestem não para mostrar a sua classe social, mas sim a sua individualidade. Elas expressam as suas personalidades com mais liberdade. Se você me perguntar: hoje, qual é a saia que está na moda? Eu vou dizer: tem micro, tem mini, tem pelo joelho, tem longa... qual é o seu estilo? Tudo está na moda. Você escolhe aquilo que te representa[32].

A moda não se expressa somente por vestimentas, adereços e penteados, mas também por comportamentos. Atualmente, com a busca da longevidade com saúde, com a prática de exercícios físicos, com novas possibilidades de lazer e com

---

[31] Instagram: @gloriakalil. Disponível em: https://www.instagram.com/gloriakalil/?hl=pt-br. Acesso em: 22 abr. 2021.

[32] KALIL, G. Glória Kalil diz o que parece chique (mas não é) no trabalho. *EXAME*. Entrevista com a jornalista Claudia Gasparini publicado em 08 de junho de 2017. Disponível em: https://exame.com/carreira/gloria-kalil-diz-o-que-parece-chique-mas-nao-e-no-trabalho/. Acesso em: 13 out. 2020.

o desenvolvimento da cosmetologia, os idosos têm uma gama variada de opções para uma vida mais plena. O uso de colágeno, de substâncias de preenchimento, a possibilidade de se submeter a técnicas que permitem uma melhora considerável da pele, cremes e outras substâncias que diminuem sinais e rugas são, hoje, consumidos pela geração dita da terceira idade para se manter esteticamente bem.

Os novos velhos estão praticando exercícios físicos em academias ou caminhando em parques ou orla marítima. Vários deles praticam esportes, às vezes até mesmo competitivos. Outros apenas usam a bicicleta para se locomoverem ou para manterem a forma. Com isso e com uma alimentação saudável, esses idosos vão alcançando muitos anos de vida em boa forma física e com muita disponibilidade para viverem uma relação afetivo-sexual.

Esse grupo etário tem buscado com certa frequência atividades sociais como bailes, cafeterias, bares e restaurantes, cinemas, teatros, reuniões de grupos com interesses em comum, atividades religiosas, excursões e viagens ou mesmo variados cursos em universidades. Muitos homens e mulheres estão sozinhos por viuvez ou mesmo por uma separação ou divórcio anterior, e estão abertos a novas possibilidades de relacionamento. O corpo bem cuidado, vestido com roupas bonitas, coloridas e sensuais abre a possibilidade de ser visto e mobilizar desejos adormecidos em outros idosos ou idosas. Assim se estabelece uma aura erótica nesses encontros chamados da terceira idade que traz à tona a sexualidade dessas pessoas independentemente da idade cronológica.

Muitas idosas, apesar de estarem bem cuidadas e ativas, não estão afeitas a manterem uma relação sexual genital, mas a erotização dos relacionamentos, muitas vezes, é fonte de alegria e vitalidade que as mantém sempre com disposição para as várias atividades praticadas. Também os homens podem se manter apenas galanteadores e, assim, terem uma constatação de sua virilidade sem precisar de efetivamente manter relações sexuais. Dançar um bolero, um tango ou um forró pode contemplar apropriadamente a pulsão sexual do par dançante ou, em contrapartida, deixar os corpos tão excitados que outros caminhos da pulsão deverão ser buscados.

Amigos, companheiros de viagem, colegas de cursos, ex-colegas de escola ou de trabalho, vizinhos, "irmãos" de igreja, colegas de academia, enfim, pessoas que transitam no mesmo espaço, podem ser envolvidos em uma situação erótica acabando por tornarem-se amantes e amados, muitas vezes chegando mesmo a contraírem um casamento ou apenas a decidirem viver juntos até que, realmente, a morte os separe. O filme americano "Nossas Noites"[33], dirigido por Ritesh Batra, exemplifica bem essas questões. Robert Redford e Jane Fonda interpretam dois idosos que vivem sozinhos e que são conhecidos vizinhos. Aos poucos desenvolvem uma amizade e passam a se encontrarem todas as noites quando descobrem interesses em comum. Aos poucos, uma atmosfera erótica os envolve levando-os a redescobrirem seus desejos sexuais. O filme vai se desenrolando na medida em que os dois vão encontrando em suas sexualidades o que lhes dá prazer.

O filme britânico "O Exótico Hotel Marigold"[34], dirigido por John Madden, também é uma amostra dos conceitos aqui discutidos. Pessoas maiores de 60 anos, desconhecidas entre si, encontram-se em uma viagem exótica à Índia para se hospedarem no Hotel Marigold, que promete uma magnífica estadia para idosos. A narrativa se desenrola por meio dos desejos de cada personagem. A Índia foi o "sonho" exótico da juventude ocidental dos anos 60 e 70 do século XX. A cultura desconhecida,

---

[33] OUR SOULS at Night (Nossas Noites). Produção Robert Redford, Erin Simms, Finola Dwyer. Direção Ritesh Batra. Estados Unidos: NETFLIX / Wildwood Enterprises Inc., 2017 (1 hora 43 minutos). Inglês, son., color. Disponível em: https://www.netflix.com/br/title/80104068. Acesso em: 1 dez. 2020.

[34] THE BEST Exotic Marigold Hotel (O Exótico Hotel Marigold). Produção Graham Broadbent, Peter Czernin. Direção John Madden. Emirados Árabes Unidos, Estados Unidos, Reino Unido: Fox Searchlight, Image Nation Abu Dhabi, 2011. (2 horas 04 minutos) Inglês, son., color. Disponível em: https://filmesonlinehd1.org/o-exotico-hotel-marigold/. Acesso em: 2 dez. 2020.

as religiões, as comidas, as vestimentas, o uso de substâncias psicoativas, o yoga, os mantras, a meditação, os ensinamentos dos chamados "gurus", tudo encantava os jovens urbanos ocidentais, e muitos, como o músico George Harrison da banda *The Beatles*, partiram para a Índia, retornando com experiências diferentes e transformadoras de suas vidas. No filme, os velhos personagens vão em busca do sonho da juventude, inclusive dando abertura para a vivência da sexualidade. Encontros e desencontros, revelação de segredos e uma crescente erotização de relações afetivas vão acontecendo entrelaçados a adoecimentos e, até mesmo, morte. A história do Hotel Marigold e seus velhos e animados hóspedes continua no filme de 2015, "O Exótico Hotel Marigold 2"[35], novamente sob a direção de John Madden, deixando clara a vivência da sexualidade pelos vários caminhos da pulsão de cada personagem.

Ao se encontrarem e decidirem se unir, as pessoas mais velhas, assim como os jovens, podem viver conformações familiares fora do padrão tradicional patriarcal heteronormativo. Alguns, exatamente pela avançada idade, rompem barreiras e preconceitos e assumem uma homoafetividade, que muitas vezes estava camuflada por um casamento de conveniência em que ambos os cônjuges se sentiam infelizes. Buscam, então, encontrar o prazer afetivo-sexual divorciando-se e unindo-se em uma relação estável homoafetiva. Outra possibilidade de arranjo familiar é o chamado "trisal", porém em uma perspectiva diferente dos jovens. É possível que uma pessoa que tenha uma parceria com alguém já demente ou em um processo terminal de vida se una a outra pessoa, que não só vai amá-la, mas também ajudará nos cuidados com o parceiro ou parceira que está em uma situação de fragilidade extrema. Dessa forma os três passam a viver juntos coabitando os mesmos espaços,

---

[35] THE SECOND Best Exotic Marigold Hotel (O Exótico Hotel Marigold 2). Produção Graham Broadbent, Peter Czernin. Direção John Madden. Emirados Árabes Unidos, Estados Unidos, Reino Unido: Fox Searchlight, Image Nation Abu Dhabi, 2015. (2 horas 04 minutos) Inglês, son., color. Disponível em: https://play.google.com/store/movies/details/O_Ex%C3%B3tico_Hotel_Marigold_2_Dublado?id=b02KxzHQMA4&hl=pt. Acesso em: 2 dez. 2020.

porém com papéis sexuais diferenciados. De certa maneira, a relação com o parceiro ou parceira demente ou em final de vida é pontuada pelo cuidado e amorosidade como se fosse uma maternagem. Entre os outros dois sujeitos dessa relação a três, pressupõe-se uma vida sexual genital ativa. Tal conformação familiar pode ser uma possibilidade de uma vivência harmoniosa e amorosa entre os três idosos.

Nos tempos atuais, em alguns países, especialmente nos Estados Unidos, já se fala em "grey divorce", ou seja, o divórcio grisalho. É o caso de pessoas que, depois de casados e de terem constituído família, ao longo de uma vida buscaram caminhos diferentes, chegando à velhice como dois desconhecidos. Diante de um cenário em que ambos têm independência financeira e estão em boas condições de saúde e disposição para viverem sozinhos, o divórcio pode ser a chave para uma liberdade há muito desejada, e que vinha sendo posta de lado em prol de uma família que, muitas vezes, não estava solicitando nada em relação ao casal. O excelente filme inglês "A Esposa"[36], lançado no Brasil em 2019, dirigido por Björn Runge, mostra os conflitos de um casal de idosos que, após 40 anos de vida conjugal, caminha para um divórcio. Um enredo bastante real, em que uma mulher abre mão de sua vida e de seus desejos, para ser o grande esteio de seu marido, impulsionando sua promissora carreira de escritor, até que ele chegue a ganhar o Prêmio Nobel de literatura. Na verdade, ele ganha esse prêmio com toda a produção literária da sua própria esposa. Gleen Close dá vida a essa mulher que, ao longo da narrativa, vai se transformando e se emancipando. A personagem apresenta-se bem-vestida, com muita elegância, em um estilo moderno, formal, porém bastante sensual, como o vestido preto envergado por ela na cerimônia de premiação do marido. Seus cabelos curtos e

---

[36] THE WIFE (A Esposa). Produção Anonymous Content & Meta Film. Direção Björn Runge. Estados Unidos, Reino Unido, Suécia: Pandora Filmes, 2017. (1hora 41 minutos) Inglês, son., color. Disponível em: https://www.telecineplay.com.br/filme/A_Esposa_12862?utm_source=adoro_cinema&utm_medium=cpc&utm_campaign=aquisicao%7Cparcerias%7Cup&utm_content=a_esposa%7Cfilme_251830%7Cbotao%7Cnone%7Cadoro_cinema%7Cnone. Acesso em: 2 dez. 2020.

platinados, como já referido anteriormente, longe de ser um estigma da velhice, dão à personagem um aspecto altivo e libertador, mostrando que dentro daquela esposa existe uma mulher sensual e desejante, que caminha passando a limpo sua vida para tomar decisões importantes. Durante o desenrolar do drama, o espectador percebe que aquele casal, dito "perfeito", nada mais é do que a união de duas pessoas imersas em conflitos conjugais, rancores de toda uma vida e, por que não dizer, de sentimentos de ódio e desprezo ocultados pelas "boas maneiras sociais", que lhes impõem a farsa da relação.

Assim, em meio a linhas, agulhas e panos da moda, vai-se tecendo o erotismo e a sexualidade dos jovens até que eles se tornam adultos e idosos, terminado suas vidas de forma a desejarem e serem desejados, amarem e serem amados, apaixonados ou sendo objetos de paixão, até que a morte os leve para além das suas fantasias sexuais.

5

Sexualidade, envelhecimento e vivência de casal

Como eu disse anteriormente, este livro nasceu da ideia de publicar algo sobre sexualidade e envelhecimento a partir de uma entrevista que os estudantes do curso de medicina da PUC Goiás fizeram comigo para fomentar um debate em classe sobre o tema. Uma das perguntas que me fizeram foi exatamente esta: **"do ponto de vista qualitativo, o que muda do sexo na juventude para o sexo na velhice?"**

Uma pergunta muito intrigante e bastante apropriada, já que falamos anteriormente que os velhos de hoje são os jovens da contracultura dos anos 50, 60 e 70 do século XX e, por isso, eles têm como marca a transgressão dos estereótipos e a possibilidade de transformar a vivência da sexualidade após os 60 anos de vida. Pensando dessa forma, poderíamos supor que vivenciar a sexualidade e a vida sexual ativa na chamada terceira idade seria exatamente igual às experiências dos jovens atuais. Bem... na realidade, tudo depende de muitas variáveis.

Embora os jovens do século XXI acreditem que são liberados e que sabem tudo sobre sexo, isso é apenas uma fantasia. O que os jovens sabem é da "pegação". Muitos não sabem nada de sexualidade. Sabem do que já viram nos filmes pornográficos, eróticos, "picantes", como tantos que fazem sucesso nos cinemas e nas plataformas dedicadas a filmes e séries. Os jovens entendem muito bem de "se pegarem rapidinho nas baladas", de se "beijarem nos carnavais", de participarem de festas com conotação sexual e, muitas vezes, são expostos a verdadeiros momentos de violência e abuso sexual. Quando um casal entende de sexualidade, de conversar sobre suas fantasias, de desenvolver um processo amoroso e criativo, daí o sexo na juventude fica muito bom. Mas sempre existe o medo da gravidez não planejada e das doenças sexualmente transmissíveis. Também, muitas vezes, os jovens não tiveram a oportunidade de conhecer seus corpos e de reconhecer seus desejos. Aí o sexo não se torna tão prazeroso.

Na velhice não há mais a preocupação com a gravidez, o que, teoricamente, facilitaria a vida sexual. Mas temos que lembrar que os idosos de hoje foram os jovens de ontem, que, apesar de todo o movimento cultural transformador, foram educados imersos a uma ética e uma moral conservadoras. Muitas mulheres ainda estão presas a tabus e preconceitos como não se permitir ter libido ou mesmo não saber o que é um orgasmo. Foram, no passado, proibidas de se masturbarem e a nudez muitas vezes ainda as impacta. Várias senhoras do tempo atual foram jovens que tiveram pouca ou nenhuma experiência sexual anterior ao casamento. Aprenderam a se submeter aos desejos de seus companheiros, a engravidar e parir. Ainda hoje escuto médicas ginecologistas dizerem que "a mulher, devido ao seu ciclo hormonal, só tem desejo sexual por 3 dias ao mês, sendo que, em outros dias, faz sexo para agradar ao esposo". Lamentavelmente esse ainda parece ser o falso discurso da ciência médica, o que ratifica para as pacientes idosas seus medos e intensifica os diques anímicos desenvolvidos, muitas vezes de forma exagerada, na infância.

Algumas senhoras heterossexuais não sabem que o ato sexual em si é um exercício não só aeróbico, mas também isométrico. Elas entendem que a pessoa ativa durante o coito é somente o parceiro e ficam praticamente estáticas a receber, muitas vezes, uma penetração sem nenhuma carícia anterior. Tal situação faz com que essas senhoras prefiram, ainda que dentro de um casamento, encerrar suas atividades sexuais genitais, levando sua sexualidade para outros caminhos da pulsão. Evitam assim o constrangimento de fingirem um orgasmo que não sentem, ou mesmo evitam uma dispareunia (dor à penetração durante o coito). Esse fato precisa ser entendido e respeitado, pois uma senhora nessa situação por certo não abdicou de sua sexualidade conforme entende o senso comum.

Outras mulheres com mais de 60 anos que, na juventude, viveram intensamente o sexo no sentido da genitalidade podem, ao envelhecer, buscar uma parceria amorosa e manter-se em uma vivência sexual mais romantizada. O contrário também pode ocorrer. Senhoras que vivem intensamente suas experiências sexuais porque se sentem muito próximas ao fim de vida e querem usufruir tudo aquilo a que foram impedidas durante a juventude. Muitas outras situações podem se configurar dependendo das experiências vividas por cada mulher. Uma possibilidade de como as senhoras vivenciam seus desejos sexuais é exemplificada neste relato que tomei conhecimento. Contaram-me que uma velha senhora que tivera uma experiência sexual muito gratificante com o primeiro marido e que, ao ficar viúva, contraiu segundas núpcias com um senhor muito gentil e agradável, mas que não era um grande amante, manteve-se amando-o em boa relação fraternal e masturbando-se com um vibrador em busca do prazer sexual.

Algumas idosas, apesar de serem bastante independentes, se vestirem de forma moderna e se colocarem diante das pessoas como alguém de "mente aberta", não costumam adquirir preservativos, levando-os em suas bolsas ou mantendo-os em seus aposentos e exigindo que os senhores os usem durante o coito. Tal postura, muitas vezes até mesmo entendida como necessária na prevenção de doenças sexualmente transmissíveis, incomoda e, de certa forma, intimida essas velhas senhoras diante dos seus parceiros, pois ainda se tem em mente que às mulheres não cabem exigências durante o coito. Elas entendem que os homens podem exigir, mas que tradicionalmente as mulheres devem se mostrar submissas o bastante para não questionar o desejo deles. Algumas velhas senhoras, especialmente as mais religiosas, nos dizem que exigir o uso de preservativo parece, aos companheiros, uma desconfiança, e afirmam com uma "certeza idealizada" que os parceiros jamais as trairiam. Não é raro que algumas dessas senhoras cheguem mesmo a ter medo de colocar em pauta a necessidade do uso de preservativos, certas de que a ira do homem possa violentá-las.

Outro comportamento que ainda intimida a mulher idosa é assumir uma relação de cunho afetivo-sexual com alguém, principalmente diante de filhos e netos. O "tabu" do sexo na velhice surge de maneira exponencial quando a mãe idosa, ou, pior ainda, a avó, diz à família que está saindo à noite para encontrar o namorado e que não sabe se dormirá na casa dele ou se retornará mais tarde para sua residência. A situação fica mais constrangedora quando a mulher na velhice assume uma homoafetividade e resolve apresentar a seus filhos e netos sua atual namorada. Outra questão é que se torna muitas vezes impossível a uma senhora que mora com filhos ou netos levar à sua casa um namorado ou uma namorada e poder usufruir de uma noite de sexo com tranquilidade.

É comum os filhos e netos se alvoroçarem diante das situações exemplificadas anteriormente e, muitas vezes, impedirem um romance e uma consequente e adequada busca de prazer por meio desses caminhos da pulsão. Tais senhoras impedidas de amarem e serem amadas por outras pessoas que as desejem podem desenvolver adoecimentos psicossomáticos e depressões ou, então, buscar caminhos pulsionais satisfatórios como "participar de eventos na igreja para estarem próximas a um padre que lhes agrade", manter uma relação afetivo-sexual com alguém camuflada de amizade, fazer aulas de dança de salão e ir aos bailes acompanhadas por dançarinos profissionais ou dedicar-se a atos de caridade com outras pessoas. Algumas mulheres, de forma dominadora e sintomática, tornam-se extremas "cuidadoras" de seus filhos e netos, inclusive criando atritos familiares. Outras, entretanto, sublimam sua pulsão sexual por meio da criação nos mais variados veios da arte.

O filme brasileiro "O Outro Lado da Rua"[37], sob a direção de Marcos Bernstein, mostra como uma sexagenária solitária busca o prazer através da observação contínua e curiosa da vizinhança. Essa posição especular não é outra coisa senão um caminho que a personagem encontra para trabalhar a pulsão sexual que vibra dentro de si de forma contínua. Algo que é da ordem da sexualidade infantil e que vem acudir a essa senhora que só tem por companheiro seu animal de estimação. Tal capacidade de olhar curiosamente para dentro dos apartamentos alheios, especialmente para os quartos de casais, lembra a criança edípica que busca visualizar, através do buraco da fechadura, o quarto de seus pais para descobrir o que eles fazem atrás da porta trancada. A genial atriz Fernanda Montenegro empresta à personagem uma roupagem psicanalítica que vai se transformando na medida em que ela pode pensar, conviver e realmente buscar suas fantasias sexuais e suas possibilidades de encontrar no outro alguém para penetrar esse labirinto, que é a sexualidade humana na velhice.

Outro filme brasileiro que retrata muito bem a situação das idosas na sociedade atual é "Aquarius"[38], dirigido por Kleber Mendonça Filho. Sônia Braga interpreta com maestria uma mulher aposentada que se vê às voltas com um grande desprazer: a possibilidade de demolição do antigo prédio onde mora. Interessante a metáfora do prédio velho que deverá ser demolido para construção de algo novo, o que dialoga perfeitamente com a vida dessa personagem aposentada que se percebe envelhecendo e perdendo possibilidades de prazer

---

[37] O OUTRO Lado da Rua. Produção Kátia Machado. Direção Marcos Bernstein. Brasil, França: Columbia Pictures do Brasil/ TriStar Pictures, 2004. 1 disco (1 hora 38 minutos) DVD Português, son., color.

[38] AQUARIUS. Produção Emilie Lesclaux, Saïd Ben Saïd, Michel Merkt. Coprodução Walter Salles. Direção Kleber Mendonça Filho. Brasil, França: Vitrine Filmes,Vitagraph Films, 2016. 1 disco (2 horas 26 minutos). DVD e Blu-Ray. Português, son., color.

na vida. Cenas interessantíssimas como seu contraponto à orgia imposta por jovens que não são moradores do prédio, mas adentram em um apartamento vazio causando profundo mal-estar na protagonista, apontam para a contradição entre o velho e o novo, o tradicional e a transgressão, o envelhecimento e a sexualidade pulsante. Outra cena marcante é quando ela, solitária, sem parceiros afetivos-sexuais, contrata um profissional do sexo, na tentativa de dar vazão à sua pulsão sexual e buscar um pouco de prazer.

Também os homens idosos são fruto de uma educação tradicional, muitas vezes sustentada por uma necessidade de garantir postura e comportamento dito de "macho", como não chorar, jogar futebol, bater no colega, não levar desaforo para casa, não ser muito carinhoso nem gentil, não sentir medo, não se apaixonar ou dizer "eu te amo", mas "pegar todas as garotas do bairro", e por aí vai... Assim, com esse compromisso de não poder ser delicado nem amoroso, não poder chorar, tampouco acarinhar, não poder gostar de se arrumar e de se olhar no espelho; ser pacificador, não ter vontade de bater em ninguém, não querer jogar futebol, enfim, esse compromisso de se mostrar "macho" e entrelaçar o masculino com tudo o que é do mundo agressivo e violento construiu (e ainda constrói) ao longo dos anos homens que violentam mulheres e crianças, ou que, timidamente, lutam contra essa obrigatoriedade, mas que albergam dentro de si um pai exigente desse "machismo", violento e cruel, que os faz sofrer.

Na velhice esses homens, muitas vezes, sentem-se derrotados em seus "supostos machismos", pois já não são, em suas fantasias sexuais, os "machos viris" que seus pais e a sociedade tanto lhes exigiram. Alquebrados física e moralmente, esses velhos se deixam violentar por esposas agressivas que, à semelhança de seus pais de outrora, usam frases humilhantes em relação a eles ou mesmo os agridem fisicamente. Muitos casamentos ou parcerias que parecem aos olhos da sociedade como perfeitos e felizes, inclusive com festas que marcam bodas de prata ou de ouro, são na intimidade um conluio de atos violentos e submissão, pautados muitas vezes por rancores do passado que não puderam ser trabalhados de forma adequada.

Essa é uma questão muito bem retratada no filme inglês dirigido por Andrew Haigh, intitulado "45 Anos"[39]. A narrativa inicia justamente com a preparação da festa de 45 anos de casamento de dois sexagenários que estão em um declínio da vida sexual. A esposa, ativa e agitada, assume os preparativos para a esperada festa, enquanto o velho marido parece estar alheio a toda a movimentação do evento. De repente, ele fica sabendo que, ao ocorrer um degelo nos Alpes Suíços, encontraram, congelado, conservado e intacto, o corpo de uma mulher que, no passado, ele muito amou. Interessantíssimo como saber da existência do corpo amado e desejado de outrora, ainda que morto, inanimado e congelado, reavive toda a pulsão sexual desse homem idoso de forma a causar ciúmes na esposa. O filme se desenrola apontando para a ironia de uma recepção em que o casal, seus filhos e amigos pretendem comemorar os muitos anos de "felicidade comum", mas que esconde um conflito importante relacionado à sexualidade de cada um deles. Na vida real, situações assim não são incomuns.

O sexo dentro do casamento jovem pode tornar-se conflituoso para o homem quando surge a gestação e o nascimento de um filho. O homem pode não conseguir praticar o ato sexual com sua esposa grávida, pois, em sua fantasia (menino edípico em busca de um pênis/falo), pensa que ao penetrar-lhe a vagina poderá machucar o pequeno feto, futuro rival que lhe roubará o amor daquela mulher. Na nossa sociedade ocidental organizada sob a influência judaico-cristã, a gravidez em uma mulher a transforma, metaforicamente, em uma "Virgem Maria". Nessa perspectiva, o homem, que é filho de uma mulher que

---

[39] 45 YEARS (45 Anos). Produção Tristan Goligher. Direção Andrew Haigh. Reino Unido: Artificial Eye, 2015. 1 disco (1 hora 35 minutos) DVD. Inglês, son., color.

lhe gestou e lhe deu à luz, sente-se muitas vezes, interditado para ter um ato sexual com sua companheira grávida. A gravidez não é algo pontual na história de uma família. A mulher se torna mãe, e ser mãe é um processo praticamente infinito enquanto ela estiver viva. O homem passa, então, a conviver dentro de casa com uma mulher/mãe. Mãe de crianças que correm e gritam e lhe chamam "mamãe". Assim, aos poucos, a outrora mulher amante e amada não mais responde ao seu nome, mas outrossim passa a ser chamada por todos da família como "mãe". Mães de crianças pequenas são amorosas, queridas, se envolvem com o cuidado da família, são amigas compreensivas, mas estão quase sempre cansadas, sonolentas, exaustas e absolutamente indisponíveis para uma noite de sexo prazeroso.

Evidentemente que esse fato não ocorre com todos os casais, no entanto a grande maioria passa por essas experiências enquanto as crianças não crescem e não se tornam adultos. Com o passar dos anos, marido e mulher podem desenvolver uma relação afetiva fraternal que às vezes os mantém unidos de forma bastante adequada por dividirem interesses em comum. No entanto é bastante frequente que, quando os filhos se tornem adultos e saiam de casa, o casal se veja perdido em meio ao distanciamento que nem mesmo percebeu que havia ocorrido. E a pulsão sexual continua fazendo ruído, sem muitas vezes ter na vida sexual ativa o seu caminho de busca de prazer. Diante desse impasse, muitos senhores buscam contato com outras mulheres fora da conformação matrimonial, no intuito de resgatar sua virilidade e dar vazão a essa pulsão sexual. Ficam, então, a desejar as jovens bonitas e vistosas porque acreditam que as mulheres idosas são assexuadas. Como dissemos anteriormente, eles foram educados em famílias tradicionais patriarcais e criaram a imagem da idosa assexuada quando viram a própria mãe envelhecida dentro de casa em meio aos afazeres domésticos e o pai sair à rua e retornar de madrugada alcoolizado.

O filme americano "Um Divã para Dois"[40], dirigido por David Frankel, conta a história de um casal de idosos que, após criarem os filhos, já não se reconhecem mais como uma parceria afetivo-sexual. Juntos há 30 anos, ao longo da vida matrimonial ambos foram se perdendo em suas atividades diárias, e vivendo sem nem mesmo conversarem entre si. A brilhante atriz Meryl Streep reveste a personagem com todo o erotismo possível, mas mantendo uma postura contida muito característica das famílias americanas tradicionais. Ela deseja... e deseja muito, não só viver sua sexualidade de forma plena, como deseja manter o seu casamento, pois continua amando o velho marido. Ele já se deu por vencido, deixando de lado a busca pela atividade sexual genital. Ambos caminham por veredas distintas e distantes, mas a velha senhora decide investir em uma terapia de casal. O mais interessante e instigante desse filme é justamente a terapia de casal. Durante as sessões, o terapeuta questiona-lhes sobre suas vivências e tenta identificar as fantasias sexuais de cada um. É uma verdadeira convocação do perverso polimorfo infantil que, dentro de cada pessoa, continua desejante de usar boca, língua, mãos, pés, pele, nádegas, genitália e criar situações imagéticas para viver o prazer, de preferência afrouxando os diques anímicos.

É importante pensarmos que em qualquer idade, sejam os indivíduos jovens ou velhos, a atividade sexual de um casal é sempre uma parceria. Essa parceria afetivo-sexual transcorre entre duas pessoas que convocam seus perversos polimorfos e afrouxam os seus diques anímicos na perspectiva de alcançarem um prazer desejado. Quando o casal se mantém em desenvolvimento de sua sexualidade por meio de carinho, olhares, partilhas, sorrisos, beijos, abraços, cumplicidade, amorosidade no trato diário de um com o outro, as coisas caminham muito bem. Há um reconhecimento do

---

[40] HOPE Springs (Um Divã para Dois). Produção Columbia Pictures. Direção David Frankel. Estados Unidos: Columbia Pictures 2012. 1 disco (1 hora 40 minutos) DVD e Blu-Ray. Inglês, son., color.

outro enquanto pessoa desejante, e há uma disponibilidade afetiva para encontrar-se sexualmente.

O ato sexual é praticado usando-se todos os sentidos humanos. O olfato que percebe os feromônios, o paladar que reconhece o sabor do outro, seja da própria pele ou de substâncias com sabores diversos usadas sobre o corpo, a visão que desnuda o outro para desejá-lo, a audição que reconhece os sons e as palavras, o tato que acaricia, sentidos esses que foram trabalhados durante a vivência da sexualidade infantil enquanto cuidados e erogenizados por pessoas amorosas e gentis. Na vida adulta, e especialmente na velhice, tais sentidos voltam a ser importantes na busca do prazer sexual, pois esse sexo não tem mais a função reprodutiva, tornando-se agora um deleite para a busca do prazer. Eu costumo dizer que "o coito é a cereja do bolo". Às vezes uma pessoa que não aprecia cereja come várias fatias do bolo. Enfim, a atividade sexual é um processo, uma construção a dois.

Por fim, respondendo à pergunta inicial sobre a diferença qualitativa entre o sexo na juventude e sexo na velhice, penso que os casais que mantém a amorosidade, a sedução, o enamoramento, que criam situações de trocas afetivas, de intimidades, esses sim podem ter uma atividade sexual tão ou mais prazerosa do que na juventude. A qualidade não depende da idade. A qualidade passa por outros caminhos...

Um bom exemplo do que foi exposto neste capítulo é a comédia franco-alemã "E Se Vivêssemos Todos Juntos?"[41], dirigida por Stéphane Robelin. O filme conta a história de idosos que resolvem viver juntos muito à moda dos jovens dos anos 60 que se organizavam em comunidades *hippies*. Esses senhores e senhoras que, a princípio, se sentiam solitários, reencontram suas sexualidades adormecidas tornando-se um

---

[41] *ET SI ON vivait tous ensemble?* (E Se Vivêssemos Todos Juntos?). Produção IMOVISION. Direção Stéphane Robelin. Alemanha, França: IMOVISION, 2010. 1 disco (1hora 40 minutos) DVD. Francês, son., color.

grupo animado e erótico, aproveitando os últimos anos de vida para se alegrarem mutuamente.

Mais do que a qualidade do sexo na chamada terceira idade, vale pensarmos na sexualidade como um dos determinantes da qualidade de vida dos idosos. Estar com amigos, amados e amantes, brincar, rir, se divertir, dançar, cantar, tocar um instrumento, buscar o prazer dialogando com seus mais íntimos desejos, abrir-se para as novas experiências, disponibilizar-se para viver o ato sexual genital ou sublimar a pulsão sexual são formas de viver eroticamente a última etapa da vida de forma a ser mais alegre e sentir-se mais feliz até que chegue o momento de dizer definitivamente adeus aos que ficam, lembrando da pulsão de vida do velhinho ou da velhinha que se foi.

Com essa visão da sexualidade humana e do erotismo que nos abrasa, o poema de Mário Quintana me parece bastante apropriado para encerrar este capítulo:

<u>Amar é mudar a alma de casa</u>

Amar é mudar a alma de casa,
É ter no outro, nosso pensamento.
Amar é ter coração que abrasa,
Amar, é ter na vida um acalento.

Amar é ter alegria que extravasa,
Amar é sentir-se no firmamento.
Amar é mudar a alma de casa,
É ter no outro, nosso pensamento.

Amar, é aquilo que embasa,
É ter comprometimento.
Amar é, voar sem asa,
E porque amar é acolhimento,
Amar é mudar a alma de casa.

6

Tecnologia, redes sociais e sexualidade na velhice

O século XXI tem como marca o desenvolvimento tecnológico em praticamente todos os cenários. A vivência da sexualidade, e pontualmente a vida sexual ativa, está cada vez mais inundada pela tecnologia que se torna mais complexa e sofisticada. Países como o Japão têm sofrido uma transformação cultural e mercadológica chegando à produção de bonecas e bonecos extremamente perfeitos com todas as características humanas, que funcionam como parceiros sexuais de inúmeras pessoas. Tal desenvolvimento na produção nipônica de tecnologia voltada para a vida sexual tem, inclusive, comprometido, em larga escala, as relações afetivo-sexuais entre os jovens.

Pensando em termos de ocidente e focando o Brasil, as lojas que vendem produtos eróticos (*sex shops*) estão abarrotadas de opções de vibradores básicos, vibradores para casais, vibradores com controle por aplicativos em celulares, capas e anéis penianos, *plugs* anais, bombas penianas, estimuladores de próstata, lingeries comestíveis etc. A cada dia desenvolvem-se objetos novos com sofisticada tecnologia para pessoas que desejem buscar prazer e realizar as mais diversas fantasias sexuais. O comércio por meio da *internet* nas *sex shops* com lojas *online* (*e-commerce*), que prometem sigilo absoluto, facilita a compra de tais objetos de uma maneira mais discreta do que adentrar em uma loja física às vistas de outras pessoas. Para os mais velhos, especialmente as senhoras, tal oportunidade se torna um conforto e, de certa forma, um segredo que não lhes expõem.

O uso de vibradores e outros objetos que auxiliam a busca do prazer sexual tem sido, nos últimos anos, um pouco mais difundido na população feminina da chamada terceira idade. Como já pontuamos anteriormente, muitas senhoras relatam que jamais sentiram orgasmo e passaram anos, casadas, procurando fingir um prazer que não experimentaram. Quando se fala em masturbação com tais senhoras, elas costumam dizer que não têm essa prática. E geralmente estão dizendo a verdade, pois foram educadas em um ambiente familiar em que não havia espaço para esse tipo de conversa. Apesar de terem vivido os anos de transformação cultural, muitas mulheres ainda não se autorizam a tocar e conhecer o seu próprio corpo. No entanto o grupo que adere à tecnologia voltada para a sexualidade parece estar aumentando. Mas infelizmente ainda existem profissionais médicos que se impactam quando uma velhinha confessa estar usando um adereço tipo vibrador ou um falso pênis para se masturbar. Também familiares se assustam quando, após a morte de uma senhora idosa, encontram em meio aos seus guardados algum objeto usado para o prazer sexual.

Os homens mais velhos heterossexuais parecem conhecer menos ainda tais objetos. Como já foi explicado anteriormente, os idosos de hoje foram criados de forma a serem machos, "custasse o que custasse". Era comum pais levarem seus filhos adolescentes ao prostíbulo para terem sua primeira experiência sexual, muitas vezes causando desconforto, incômodo, nojo, medo, enfim, uma gama de emoções e afetos que deixavam o jovem um tanto assustado com a sexualidade. Muitos aprenderam a ter relações sexuais com jovens empregadas de suas casas ou penetrando alguns animais na fazenda. Outros foram aos poucos aprendendo com suas primas, amigas e namoradas. O fato é que aos homens foi mostrado apenas o coito em si mesmo, ou seja, a penetração vaginal ou anal. Carícias e atos preliminares à penetração parecem não ter tido espaço na vivência sexual masculina desses idosos. Durante toda uma vida, esses homens buscaram mais a quantidade do que propriamente a qualidade. Não é incomum um velho senhor, que se vanglorie das múltiplas mulheres que conquistou, não ter tido a experiência de vivenciar um prazer intenso e demorado durante um intercurso sexual. O fato é que esses homens não têm por hábito entrar nas chamadas "*sex shops*" e conhecer os inúmeros objetos à venda; quem dirá usá-los...

    Com o envelhecimento, os senhores vão ficando apavorados com a possibilidade de apresentarem disfunção erétil. O chamado Complexo de Castração, vivido na infância, ressurge na velhice com muita intensidade. Obviamente que com a queda natural na produção de testosterona pode ocorrer alguma disfunção sexual ou uma certa diminuição do tônus ou da turgência do pênis no momento da ereção. Isso poderia ser bem resolvido se os senhores entendessem que não se faz bom sexo somente com um pênis ereto e rígido (o metafórico "falo"), pois existem muitas outras possibilidades e a tecnologia ajuda bastante. Também ocorre nos homens idosos um aumento do período refratário[42], que não compromete a eficácia do coito. Vale lembrar que se a parceira ou o parceiro é também uma pessoa mais velha, ambos terão suas limitações, mas poderão usufruir de uma boa e plena vivência sexual, especialmente se trouxerem para o intercurso os objetos que a tecnologia oferece para aumentar as possibilidades de prazer.

    Como esses novos velhos têm a marca da transgressão e da mudança dos comportamentos, podem conjuntamente aderir ao uso de objetos eróticos no sentido de descobrirem novas zonas erógenas, novas possibilidades e novos prazeres. Para tanto, necessário se faz criar um clima de amorosidade, intimidade, confiança, erotismo e desejos compartilhados em que mulheres e homens possam sugerir novidades e experimen-

---

[42] Período refratário é o tempo que ocorre após uma ejaculação, quando o homem perde a ereção, não mais responde a estímulos sexuais, não mais consegue ejacular e sentir orgasmo, de forma a permitir-lhe um certo descanso. Esse período pode ser bastante curto em homens jovens tornando-se mais longo em idosos.

tações, afrouxando os diques anímicos e convocando o velho conhecido perverso polimorfo, que agora munido da tecnologia acaba por "perverter-se" de forma muito mais polimorfa.

Os dois primeiros filmes da trilogia brasileira "De Pernas Pro Ar"[43, 44], protagonizados pela atriz Ingrid Guimarães e dirigidos por Roberto Santucci, bem como o terceiro filme[45] com os mesmos atores, dirigido por Júlia Rezende, mostram, em meio ao estilo comédia romântica, a questão das *sex shops* e seus catálogos repletos de objetos tecnológicos criados para o deleite sexual dos casais ou mesmo das pessoas solitárias que procuram dar conta de sua pulsão sexual por meio da masturbação. Ingrid Guimarães dá vida a uma mulher que, após ser traída, decide se associar a uma amiga e dirigir uma *sex shop*, mudando completamente seu comportamento e sua visão de mundo. Torna-se uma grande empreendedora, conseguindo entrar no comércio externo com muito êxito. É interessante observar que a mãe da protagonista, uma senhora sexagenária vivida pela atriz Denise Weinberg, vai se transformando ao longo dos três filmes, envolvendo-se com a loja e com seus objetos eróticos, de forma a deixar claro sua pulsão sexual e os caminhos por ela tomados para vivenciar sua sexualidade. Sua vida ganha um colorido diferente e erótico, e essa senhora acaba por se tornar a administradora de todo o empreendimento. Em meio às trapalhadas e aos riscos, a narrativa aponta para essa questão contemporânea que abarca jovens e velhos de forma a autorizar uma sexualidade vivida por entre fantasias, desejos e prazer.

---

[43] DE PERNAS Pro Ar. Produção Morena Filmes. Coprodução Globo Filmes, Telecine Productions, Rio Filme. Direção Roberto Santucci. Brasil: Downtown Filmes, Paris Filmes,2010. 1 disco (1 hora 41 minutos) DVD e Blu-Ray, português, son., color.

[44] DE PERNAS Pro Ar 2. Produção Morena Filmes. Coprodução Globo Filmes, Telecine Productions, Rio Filme. Direção Roberto Santucci. Brasil: Downtown Filmes, Paris Filmes,2012. 1 disco (1 hora 55 minutos) DVD e Blu-Ray, português, son., color.

[45] DE PERNAS Pro Ar 3 Produção Mariza Leão. Direção Júlia Rezende. Coprodução Morena Filmes, Globo Filmes, Telecine Productions, Rio Filme, Das Mãos Produções, Twogether. Direção Júlia Rezende. Brasil: Downtown Filmes, Paris Filmes,2019. 1 disco (1 hora 49 minutos) DVD e Blu-Ray, português, citações em francês, son., color.

O desenvolvimento tecnológico possibilitou também a criação de várias plataformas digitais abrindo espaço para a aquisição de conhecimentos relacionados à vida sexual. Assim é que já existem inúmeros canais no YouTube voltados para a questão da sexualidade, como vídeos sobre massagens sensuais, autoconhecimento feminino e masculino, ou ainda sobre o sexo tântrico. Também podem ser encontrados vídeos bastante educativos com palestras e entrevistas de profissionais sobre a sexualidade do casal e, especialmente, sobre sexualidade e envelhecimento. Vídeos de psicanalistas, sexólogos, médicos, enfermeiros, grupos de universidades, filósofos e tantos outros profissionais, pautados exclusivamente sobre a vivência sexual dos mais velhos, têm sido instrumentos de emancipação para que essa população específica possa vivenciar sua sexualidade em plenitude. Interessante perceber que ao lado dos profissionais, dos rapazes e das moças sensuais que explanam sobre sexualidade nos referidos vídeos, surgem atualmente senhoras que se tornam influenciadoras nessa área e que falam abertamente de sexualidade e sexo na velhice quebrando inúmeros tabus e resistências sociais. Também começam a surgir vídeos de profissionais, ou mesmo de pessoas relatando experiências próprias, que versam sobre as questões de gênero ou de orientações sexuais na velhice, abrindo o espaço para que se reconheçam as sexualidades possíveis nessa faixa etária.

Outra ferramenta tecnológica voltada, especificamente, aos mais velhos são os inúmeros aplicativos de encontros. Tais aplicativos dirigidos a idosos podem ser generalizados ou centrados em faixas etárias, gênero e orientação sexual, proximidade física, credo religioso ou estado civil. Além da facilidade de baixar-se um desses aplicativos a partir de lojas próprias *online*, os algoritmos responsáveis pelo desenvolvimento e manutenção de redes sociais "descobrem" os idosos e, sabendo o perfil de cada um deles, enviam-lhes uma gama de propagandas dessas plataformas, criando um desejo erótico nessa massa consumidora de velhos, ávidos por encontrarem amigos, companheiros, parceiros sexuais ou uma segunda chance de união conjugal. Dessa forma, senhoras e senhores se buscam, analisam seus perfis e escolhem os que mais lhes agradam "dando *match*", ou seja, marcando encontros e, assim, podem ter uma experiência sexual.

Se, por um lado, tais plataformas e aplicativos podem facilitar a vida sexual dos mais velhos, por outro, essas ferramentas podem transformar-se em um caminho de dor e sofrimento causados por violência contra os idosos. Perfis falsos, construídos a partir de levantamento das preferências dos velhos que navegam na *internet*, podem favorecer o apaixonamento de alguém que se sente solitário e que se torna vulnerável a estelionato envolvendo grandes quantias de dinheiro. Muitos estelionatários navegam no espaço virtual à busca de pessoas de meia idade ou, preferencialmente, acima de 65 anos, pois, sabedores que são da chamada *silver economy*[46], se aproveitam da vulnerabilidade emocional dessas pessoas para aplicar-lhes inúmeros golpes.

Quando os perfis falsos não envolvem violência patrimonial, ainda assim podem, ao serem revelados e desmascarados, causar uma profunda decepção, desencantamento, tristeza e intensa dor na pessoa idosa. Essa é uma forma de violência psicológica que precisa ser reconhecida e valorizada, pois não é uma banalidade na vida dos idosos como, muitas vezes, parece aos familiares. A dor profunda pode, inclusive, favorecer à pessoa mais velha entrar em um quadro depressivo. Descobrir que não se é amado, e que tudo não passa de uma farsa, pode mobilizar sofrimentos arcaicos relacionados à mais tenra infância, trazendo afetos que fazem ruídos, muitas vezes insuportáveis, a esses velhos em uma fase já muito próxima à morte. Nesses momentos, é necessário profundo cuidado, pois a depressão em idosos muitas vezes é invisível aos olhos mais jovens.

---

[46] *Silver economy* é um termo cunhado nos Estados Unidos para se referir à economia gerada pelas pessoas acima de 65 anos que geralmente estão aposentadas, com uma renda fixa e sem gastos com a criação de filhos, com escolas, com aquisição de bens imóveis. Esse capital é então investido em saúde, lazer e entretenimento.

O contrário também pode ocorrer. Velhos que entram nos aplicativos de jovens e forjam um perfil como se fosse uma brincadeira, mas que no fundo expõem desejos de retornar à juventude e poder usufruir das suas benesses sem ter que arcar com o ônus da velhice, que lhes impõe restrições e sinais de decadência. Apesar de ser visto como algo divertido, o idoso, na realidade, está demonstrando sua fragilidade, sua dificuldade em viver a sexualidade dentro de sua faixa etária, sua busca fantasiosa de uma eterna juventude e, por fim, está ludibriando uma pessoa jovem que acredita e responde aos anseios daquele falso perfil.

A comédia francesa "Um Perfil para Dois"[47], dirigida por Stéphane Robelin, narra com maestria a transformação do viúvo septuagenário enclausurado em sua casa, solitário e sempre mal-humorado. Ao aprender a manusear os caminhos da *internet*, o idoso começa a liberar sua sexualidade, tornando-se mais alegre. No entanto, em meio às suas inseguranças e aos medos de assumir a velhice, cria um perfil falso baseado em seu instrutor de informática e passa a vivenciar sua sexualidade em espelho com o rapaz. Interessante a cena em que ele, sentado à mesa próxima, sente prazer ao escutar a jovem desejada conversar com seu instrutor, elogiando suas mensagens. O filme traz, de forma cômica, os conflitos relacionais dos velhos e os caminhos percorridos por eles frente às possibilidades da *internet*.

Outras alternativas que agradam muito aos idosos são as plataformas de redes sociais que os conectam com familiares e amigos. No *Instagram*, no *Facebook*, no *WhatsApp*, em tantos outros espaços, os velhos se encontram com parentes distantes, matam a saudade de filhos e netos que muitas vezes vivem em outros países, fazem novos relacionamentos, se integram a grupos com interesses afins e podem sublimar a pulsão sexual

---

[47] UN PROFIL Pour Deux (Um Perfil para Dois). Produção Ici et Là Productions, Detailfilm, La Compagnie Cinématographique, Panache Productions. Direção Stéphane Robelin. Alemanha, Bélgica, França: Paris Filmes, 2017. 1 disco (1 hora 40 minutos) DVD, francês., son., color.

ou mesmo encontrar um namorado, um futuro companheiro ou apenas um bom parceiro sexual. Os grupos formados no *WhatsApp* são na verdade a versão tecnológica dos antigos momentos de encontro das senhoras nas portas das casas, quando se sentavam a conversar entre si, aproveitando a brisa do cair da tarde.

Alguns anos atrás, quando tais plataformas começaram a surgir, muitas escolas de informática receberam uma grande quantidade de pessoas acima de 65 anos ávidas por aprenderem a manusear as possibilidades da *internet*. Hoje, muitos desses idosos já se tornaram *youtubers*, *blogueiros*, *vlogueiros*[48], e por aí vai... Nos anos de 2020-2021, frente à necessidade de se ficar em casa, em isolamento, para se prevenir da endemia de Covid-19, têm surgido com frequência no *Youtube* vídeos bastante interessantes de judeus octogenários ou mesmo com mais de 90 anos, relatando suas experiências nos campos de concentração durante a Segunda Grande Guerra. São relatos dramáticos que mostram como a resiliência de cada um deles durante a prisão foi a chave estratégica para a fuga e a liberdade. Tais vídeos de certa forma consolam e animam as pessoas que se encontram desesperadas com o isolamento necessário neste período de pandemia. Também alguns velhos centenários que se curaram da gripe espanhola, que passaram por campos de concentração e que em 2020-2021, se curaram da Covid-19, têm despontado nas plataformas com vídeos que encorajam outras pessoas, arrebatando vários seguidores.

Outra modalidade de vídeos que surgiram neste contexto são os que versam sobre culinária. Muitas senhoras e senhores idosos, inclusive com a ajuda de filhos e netos, criaram canais para ensinarem suas deliciosas receitas sem nenhum compromisso com os ditames da gastronomia. São as famosas

---

[48] *Youtubers* são pessoas que se utilizam da plataforma *Youtube* para criarem um canal de vídeo tornando-se influenciadoras de um grupo de pessoas ditas "seguidoras do canal", o que resulta em mudanças de comportamentos, criação de tendências estéticas ou mesmo desejo de consumo de determinados produtos. Quando essas pessoas usam ferramentas como *blogs* ou *vlogs* (*blogs* apresentados em imagem de vídeos), são chamadas de *blogueiras* ou *vlogueiras*.

e deliciosas receitas das velhas avós que hoje fazem sucesso dentre seus seguidores, sem se preocuparem com as questões nutricionais e dietéticas, perfazendo um verdadeiro deleite para os amantes da boa comida.

Atualmente muito se tem falado sobre o *Podcast*[49]. Jovens são grandes usuários desse formato digital de aquisição de conhecimentos. Atualmente pode-se dizer que tem *Podcast* sobre tudo... E obviamente os velhos também passaram a consumir o material apresentado nessa formatação. Por lembrar-lhes os antigos programas de rádio, essa nova modalidade tecnológica parece estar se encaixando muito bem na vivência dos mais velhos. Hoje já existem *Podcasts* direcionados a essa geração com propostas de ajudar-lhes no enfrentamento da vida após os 60 anos. E exatamente um dos temas apresentados em *Podcast* para a chamada terceira idade versa sobre os relacionamentos amorosos entre os mais velhos.

Aplicativos que oferecem possibilidade de trocas de fotos ou de vídeos podem facilitar o *sexting*[50] entre idosos que já mantêm uma relação afetivo-sexual entre si, ou que procuram seduzir ou assediar outra pessoa. Assim como os jovens, os novos velhos usufruem da tecnologia para enviarem mensagens, fotos e vídeos de cunho erótico excitando-se, ou mesmo promovendo um novo caminho para pulsão. Muitas vezes, esse tipo de prática se enlaça com falácias a respeito do desempenho sexual. Evidentemente que por meio de fotos ou mesmo de pequenos vídeos pode-se afirmar gozos que, na realidade, não são alcançados. Aos velhos, essa pode ser uma nova e prazerosa forma de diversão sexual ou mesmo uma nova expressão do par antitético exibicionismo/voyerismo que Freud descreveu a respeito da sexualidade humana.

---

[49] *Podcast* é uma maneira de se transmitir arquivos de multimídia criados pelos usuários da rede, por meio da *internet*. No *Podcast* pode-se transmitir músicas, falas, palestras, opiniões sobre política, sobre assuntos interessantes e curiosos, enfim, qualquer coisa que se queira disponibilizar. Embora se assemelhe a uma transmissão de rádio, o *Podcast* fica acessível ao ouvinte à hora que lhe for mais adequada.

[50] *Sexting* – envio de mensagens e fotos de cunho erótico ou sensual por meio das redes sociais.

Assim, os idosos vão encontrando formas de relacionamentos virtuais com uma gama de variações que não foram previstas e descritas por Freud, possivelmente, por não existirem as plataformas que hoje facilitam a vivência da sexualidade virtual.

Sexo, remédios e rock'n roll

Podemos dizer que a geração "sexo, drogas e *rock'n roll*" dos anos 50, 60 e 70 do século XX hoje se transformou, pelo próprio envelhecimento, em geração "sexo, remédios e *rock'n roll*", pois a avassaladora maioria das pessoas com mais de 65 anos toma regularmente algum medicamento. Embora velhos, os famosos roqueiros ainda conseguem cantar e dançar em longos shows, madrugadas adentro, deixando uma plateia de jovens e idosos completamente enlouquecida com suas *performances*. Exemplos são muitos, mas penso que podemos destacar os ingleses que continuam encantando a seus fãs como os integrantes da banda *The Rolling Stones,* os geniais músicos Paul McCartney e Elton John, todos eles septuagenários.

É consenso que o *rock'n roll* exige um condicionamento físico bastante importante, pois o peso dos instrumentos, a dança, os movimentos em palco e a vocalidade são elementos que exigem um grande esforço aeróbico e isométrico. A famosa cantora Madonna, já sexagenária, faz questão de dizer, em alto e bom tom, que lhe acompanha um preparador físico que faz todo um trabalho muscular e aeróbico para que ela alcance sua melhor *performance* em palco. Apesar de parecerem bem-preparados para tais esforços físicos, não é incomum a morte súbita de roqueiros durante suas apresentações. Um triste exemplo, notificado pela mídia internacional em maio de 2017, foi a morte do músico e guitarrista Colonel Bruce Hampton, que caiu no palco durante um *show* no *Fox Theatre* em Atlanta

(USA), quando de seu 70.º aniversário, tendo ficado agonizante sem que os músicos de sua banda percebessem a emergência da situação. Afinal a própria fisiologia do envelhecimento muda as condições físicas dos idosos e dificulta suas atuações, por mais que estejam treinados e fisicamente condicionados.

Assim como ocorre na prática do *rock'n roll*, a fisiologia do envelhecimento muda também a maneira de vivenciar as atividades diárias e principalmente as sexuais. Na contemporaneidade, com o aumento da sobrevida da população, as mulheres passam de 20 a 30 anos em período pós-menopausa, quando ocorre uma acentuada queda na produção dos hormônios femininos, especialmente o estrógeno. Essa alteração fisiológica tem efeitos deletérios sobre a massa óssea e a musculatura, com risco de quedas e fraturas; sobre o sistema cardiovascular, propiciando tromboembolismo periférico, de coronária ou cerebral; sobre a cognição, abrindo possibilidade para um quadro de demência; tem ainda efeitos deletérios sobre a pele e as mucosas com diminuição do colágeno, levando a consequente dificuldade no processo cicatricial e podendo facilitar a formação de rugas, de escaras de decúbito e de alterações na mucosa gastrointestinal, bem como levando a hipotrofia e sequidão da vagina, dificultando consequentemente o coito.

A chamada terapia de reposição hormonal, desde que não tenha contraindicações formais, favorece às mulheres em praticamente todos os sentidos, especialmente na questão sexual. Assim, a reposição hormonal melhora o perfil lipídico, melhora o trofismo muscular e da pele, previne a osteoporose e a demência, mantém a mulher mais ativa e, na esfera sexual propriamente dita, ajuda a manter a libido, melhora o tônus e a lubrificação vaginal facilitando o intercurso sexual. Às mulheres que não podem ou não aceitam fazer a terapia de reposição hormonal, existe a possibilidade do uso de hidratantes em gel ou mesmo cremes hormonais em aplicação intravaginal, o que melhora substancialmente a condição do trofismo e a lubrificação da vagina. Além do uso dos medicamentos, a prática de exercícios como os de Kegel, o pompoarismo ou mesmo a yoga e outras modalidades mais focadas no assoalho pélvico podem melhorar a vivência sexual da mulher acima de 65 anos.

    Algumas mulheres idosas não convivem bem com as marcas físicas do envelhecimento, tendo dificuldades em lidar com as rugas, com o ganho de peso, com a flacidez das mamas etc. A cosmetologia e a cirurgia plástica podem ser grandes aliadas dessas mulheres, que muitas vezes ficam envoltas a tantos tratamentos cruentos, a ponto de abrirem mão do próprio prazer sexual. Um exemplo é a perda da sensibilidade do mamilo após colocação de prótese de silicone a depender da técnica cirúrgica utilizada. Essa não é uma queixa incomum que, de certa forma, incomoda a mulher durante o ato sexual, mas que ela prefere enfrentar do que lidar com a flacidez de suas mamas. Outra situação impactante para a mulher, e, consequentemente, para seu parceiro sexual, é o câncer de mama. A cirurgia de retirada da mama (mastectomia) pode ser muito difícil para a mulher que já se encontra às voltas com o envelhecimento e com o medo de "perder sua sexualidade". Todo o tratamento quimioterápico com suas mazelas, como queda do estado geral, vômitos, queda de cabelos e pelos corporais, falta de apetite e tantos outros sinais e sintomas, pode ser um intenso sofrimento devido ao impacto na representação do Eu feminino. Após a cura do câncer, a reestruturação da mama pela cirurgia plástica é de grande importância para retomada da vivência da sexualidade. No entanto algumas senhoras se sentem bem, ainda que mantenham sua amputação e suas cicatrizes. Na realidade essa situação pode de alguma forma servir-lhes de confirmação da força e da determinação em enfrentar as agruras da vida.

    Doenças crônicas dificultam ou mesmo inibem a prática sexual de algumas idosas. A artrose em várias articulações dificultando os movimentos, as cardiopatias ou pneumopatias que levam a limitações físicas, as doenças do colágeno com seus vários comprometimentos, a perda do equilíbrio, os transtornos de humor depressivos e tantas outras afecções podem diminuir a libido, dar um novo caminho à pulsão sexual e fazer com que a idosa abandone o sexo genital de uma vez por todas. Também aquelas senhoras que, durante uma vida, se submeteram a companheiros violentos ou homens que as buscavam apenas para se satisfazerem, sem nunca promoverem um clima erótico e amoroso durante o ato sexual, quando se encontram no período pós-menopausa ou com alguma limitação por adoecimento sentem-se confortáveis, pois agora podem negar ao companheiro a prática sexual que sempre abominaram e não conseguiram expressar. Muitas senhoras, diante dessas inúmeras situações, preferem não fazer terapia de reposição hormonal, até mesmo para continuarem a evitar a prática do ato sexual.

Os homens, assim como as mulheres, muitas vezes sentem-se com dificuldades na prática do ato sexual devido às doenças crônicas. Segundo o cardiologista Wilson de Oliveira Jr.[51], as cardiopatias têm efeito pronunciado sobre a função sexual. No envelhecimento, esse fato avulta-se trazendo enlaçado a si o medo de morrer durante o coito. Homens que infartam geralmente se veem diante da morte tanto no momento do infarto como *a posteriori*, quando do retorno às atividades rotineiras da vida. Assim, Wilson de Oliveira Jr. apresenta de forma muito clara a situação dos pacientes cardiopatas, em especial os infartados:

> Ao enfrentar a doença cardíaca, seus pensamentos imediatamente convergem para a questão da sobrevivência. Passada esta fase, e uma vez proposto o tratamento adequado, surgem dúvidas cruciais de como conviver com a cardiopatia e de como será a sua vida sexual. Com frequência, ele se sente inseguro. O maior mito é que a atividade sexual, por despreender um

---

[51] OLIVEIRA JR., W. Relação Médico-Paciente em Cardiologia. Cap.18. *In*: BRANCO, R. F. G. R. *A Relação com o Paciente*: Teoria, Ensino e Prática. Rio de Janeiro: Editora Guanabara Koogan, 2003. p. 138-147.

> esforço físico extenuante, pode levá-lo à morte ou ao infarto. O reinício de uma relação sexual satisfatória, em muito pode contribuir para o paciente cardiopata readquirir a autoconfiança e a sensação de resgate da saúde[52].

O desconhecimento da sexualidade do idoso por parte de muitos cardiologistas faz com que a orientação ao paciente seja detalhada em relação ao retorno ao trabalho, às dietas alimentares, ao uso adequado dos medicamentos prescritos, às marcações dos exames a serem realizados, bem como dos retornos à consulta médica; também em relação aos esforços físicos, como subir escadas, caminhar progressivamente em áreas abertas como parques, ruas ou orla marítima, ou mesmo o retorno à academia; mas nada é dito a respeito da sexualidade e do retorno ao ato sexual propriamente dito. Às vezes, o próprio médico, também idoso, acaba sucumbindo ao medo da morte do paciente, baseado no mito do risco iminente do coito na reabilitação do cardiopata, e dessa forma orienta-lhe a abster-se da atividade sexual. Ainda segundo Wilson de Oliveira Jr.[53], o medo da morte súbita durante o ato sexual, a timidez e a desinformação do paciente e de sua cônjuge, e o desconhecimento teórico do médico, geram, por fim, um clima de insegurança e ratificam os mitos já existentes no senso comum.

> É importante que o cardiologista seja claro, evitando afirmações do tipo "não se apresse", "vá devagar", "não exagere", que nada esclareçam e até podem gerar mais insegurança ao casal. Com isso queremos ressaltar a importância da sexualidade no cotidiano das pessoas, influenciando a sua vontade de viver, sua auto-imagem e seus relacionamentos[54].

---

[52] OLIVEIRA JR., 2003, p. 141.
[53] OLIVEIRA JR., 2003.
[54] OLIVEIRA JR., 2003, p. 142.

A premiada comédia romântica americana "Alguém Tem Que Ceder"[55], dirigida por Nancy Meyers, mostra de forma divertida toda essa questão da sexualidade dos idosos frente à possibilidade do infarto de miocárdio e da possível morte. O prestigiado ator Jack Nicholson dá vida ao personagem que, em negação ao seu processo de envelhecimento, procura vivenciar sua sexualidade como um "garotão" no auge da juventude. Seus relacionamentos fugazes são sempre com mulheres bem mais jovens, belas e sensuais. Ao conhecer a personagem vivida pela atriz Diane Keaton, e principalmente após ter um infarto do miocárdio, ele reconhece seus limites e passa a desejar um intercurso mais duradouro com essa bela senhora sexagenária que lhe cuida. Algumas cenas desse filme exemplificam muito bem o que foi relatado anteriormente. Assim é a cena em que o protagonista passeia na praia, retomando suas caminhadas, e analisa uma escadaria, visto que seu cardiologista lhe orientara a somente praticar o ato sexual quando conseguisse subir as escadas sem sentir dor precordial ou dispneia. Ele repete várias vezes essa caminhada, subindo aos poucos a referida escada, aumentando a cada dia os degraus alcançados até, finalmente, chegar ao topo. Cenas cômicas, como as protagonizadas pelos dois grandes artistas, apontam para o medo e os mitos vividos pelos casais nas mesmas circunstâncias. O clima erótico vai se acentuando por entre medidas de pressão arterial, dispensação de medicamentos, ofertas de dietas e auxílio para retomar atividades diárias. Podemos perceber toda uma gama de questões que já trabalhamos em capítulos anteriores. É nítida a sublimação da pulsão sexual da senhora idosa que está, após um divórcio, dedicando-se unicamente à dramaturgia, escrevendo excelentes peças teatrais e vivendo em meio ao sucesso artístico. Paralelamente, é marcante o uso, pela referida personagem, de roupas bastante sérias, discretas e muito fechadas. Uma blusa com uma gola alta acaba sendo rompida e aberta a tesouradas,

---

[55] *SOMETHING'S Gotta Give* (Alguém Tem Que Ceder). Produção Nancy Meyers, Bruce A. Block. Direção Nancy Meyers. Estados Unidos: Columbia Pictures, Warner Bros., 2003. 1 disco (2 horas 8 minutos) DVD, inglês, son., color.

quando a pulsão explode em um enlouquecido encontro sexual com o senhor, que se convalesce do infarto e que conseguiu, por fim, subir a escadaria.

Os homens quando envelhecem se veem, também, na iminência das doenças da próstata. Essa é uma ameaça real e constante com a qual eles lutam bravamente. A possibilidade de um câncer de próstata na velhice ronda o imaginário dos homens e vem atrelada à imagem da impotência sexual e da própria morte. Chamo aqui de "(im)potência" e não de disfunção sexual porque do ponto de vista mental o medo fantasmagórico do homem não é exatamente da disfunção em si, mas de uma "(im)potência", ou seja, de tornar-se "não potente", "não capaz" e "não macho", como lhe haviam exigido em sua infância. Perdido em meio ao medo de não mais, definitivamente, responder à exigência paterna de um "machismo" cruel e violentador, o homem acaba por sucumbir em um desejo, negado conscientemente, de morrer para não se dar com a sua tão impactante (im)potência. Talvez essa condição, esse desejo obscuro, seja responsável pela dificuldade de adesão do homem ao exame da próstata e consequente prevenção do câncer.

Submeter-se ao toque retal, sentir-se tocado e "penetrado" pelo dedo do examinador é, para o homem em questão, o clímax de seu infortúnio e de sua humilhação. O exemplo mais grotesco e violento do qual tomei conhecimento ainda em 2020 foi a notícia nas mídias de um paciente que, após um exame de toque retal, tornou-se extremamente raivoso e agitado, chegando a ferir o médico com disparos de arma de fogo. É importante que o urologista tenha o cuidado de, ao fazer o toque retal, colocar o paciente, especialmente os mais velhos, em uma posição mais adequada, como, por exemplo, a posição de Sims ou "lateral esquerda", ou então em decúbito supino (semissentado com as pernas flexionadas). A tradicional posição genupeitoral[56], apesar de ser a mais adequada e

---

[56] A posição chamada pelos médicos de genupeitoral é quando a pessoa se posiciona com os quatro membros flexionados como uma criança ao engatinhar. No discurso popular é

facilitadora do exame, tem uma grande conotação erótica, o que pode mobilizar questões traumáticas dos pacientes.

Certo é que nem todos os velhos terão câncer de próstata. Por outro lado, a Hiperplasia Prostática Benigna (HPB) é extremamente prevalente no idoso, sendo responsável pela maioria dos sintomas relacionados ao trato urinário baixo. Apesar de ser uma condição benigna, existe por parte dos médicos uma atenção com a HPB mesmo quando assintomática, pois, sendo progressiva, acaba por ocasionar problemas relativamente graves, como infecções urinárias, dificuldade miccional importante e mesmo uropatia obstrutiva. Os sintomas causados pela HPB, mesmo quando mais leves, podem colocar o idoso em uma situação vexatória, tendo que ir ao banheiro com frequência para urinar e, muitas vezes, molhando suas calças ou sapatos devido ao enfraquecimento do jato urinário. Muitas drogas têm sido preconizadas no tratamento dessa condição e realmente são benéficas, diminuindo o tamanho da próstata e descomprimindo a uretra, com melhoras substanciais dos sintomas. Porém alguns desses medicamentos podem influenciar na vida sexual de forma negativa, como, por exemplo, diminuir a libido ou alterar a ejaculação. O mais grave é a dificuldade dos velhos senhores em relatar tais efeitos colaterais aos seus urologistas.

A ocorrência de ejaculação retrógrada, que pode ser um efeito colateral de alguns medicamentos, é sentida pelo homem mais velho como algo que lhe faz sofrer. Pensando que os homens costumam correlacionar o orgasmo com a ejaculação, e analisando o que lhes significa ejacular[57], podemos entender o sofrimento frente a essa condição. Nesses casos,

---

chamada de posição de "gatinho", e é muito relacionada à ideia de submissão, em especial durante o coito anal.

[57] O mito da masturbação e da ejaculação criadora é primaz na mitologia egípcia, quando se anuncia: "Atum é o que veio à existência, o que se masturbou em Heliópolis. O que empunhou o seu membro para criar o prazer." (Texto das Pirâmides). Dessa forma, ao se masturbar e expelir seu próprio sêmen, o deus Atum criou outros deuses no Egito Antigo (SILVA, J. G. História da Sexualidade no Egito Antigo. Disponível em: https://pt.scribd.com/document/235204985/Historia-da-sexualidade-no-Egito-antigo. Acesso em: 15 nov. 2020).

o sêmen ejaculado reflui para a bexiga e, portanto, não fica visível ao homem e nem à sua parceira. O velho senhor, que já está às voltas com suas inseguranças, sente-se como se lhe tivessem roubado o "selo de masculinidade". Afinal, tornar-se homem no senso comum é ter, em princípio, a produção de esperma e apresentar a polução. Assim como a menarca (primeira menstruação) sela para a menina, no ciclo familiar e social, a condição de mulher; a polução (primeira ejaculação noturna) coloca-se como o "carimbo" que ratifica a masculinidade do menino. Masturbar-se e ver seu sêmen sendo ejaculado é um prazer narcísico do velho que se certifica que "ainda é homem". Como muitos não entendem que sentir orgasmo pode ser separado do ato físico de ejacular, o idoso, além de sentir-se roubado da certificação de sua masculinidade, vai viver a ejaculação retrógrada como uma impossibilidade de gozo ou prazer sexual.

Uma questão complicadora para o homem após os 65 anos é, sem dúvida, o câncer de próstata. Os procedimentos cirúrgicos ou mesmo o procedimento radioterápico acabam por prejudicar a vida sexual do homem, tanto do ponto de vista somático como também psíquico. Obviamente que tudo depende da via de abordagem cirúrgica e da extensão do câncer. Mas certamente o tratamento tem efeitos colaterais que deixam o homem muito fragilizado. Como já citamos anteriormente, após a prostatectomia pode ocorrer uma disfunção sexual que muitas vezes não foi discutida anteriormente à cirurgia e que impacta o velho paciente de forma bastante cruel. Alguns homens dizem preferir morrer de câncer a perder os gozos de uma vida sexual ativa.

Muitas doenças crônicas, como, por exemplo, o diabetes, o alcoolismo e a cirrose hepática, também podem causar disfunção erétil. Atualmente existem medicamentos que auxiliam os idosos com tais queixas, o que lhes permite uma melhora na atuação sexual. No entanto é necessário esclarecer-lhes as indicações precisas para o uso de tais remédios, pois muitos velhos senhores, na ânsia de tornarem-se verdadeiros "garanhões", fazem uso indiscriminado de tais substâncias, não só se colocando em situações de risco, mas, também, criando desavenças conjugais quando suas esposas não estão preparadas e disponíveis para um coito mais intenso.

Por fim, é importante pensar que o envelhecimento promove alterações fisiológicas que não impedem a vivência da sexualidade, mas que transformam a maneira de lidar com os desejos e buscar um caminho da pulsão sexual que, como já dissemos, é infinita enquanto dure a vida da pessoa. Assim é que o perverso polimorfo, que, na idade adulta, sai de cena para que a sexualidade genital prevaleça em prol da reprodução, ressurge na velhice possibilitando inúmeras e polimorfas maneiras de sentir prazer e de viver uma sexualidade amorosamente compartilhada. É importante mais uma vez ressaltar que a libido tem a ver com a pulsão sexual e, portanto, com a vida mental, muito mais do que propriamente com as questões fisiológicas. É necessário entender que o coito é só o ponto final, e nem precisa ser por penetração "com" o pênis. Se faz sexo de muitas maneiras e muitas vezes precisamos falar disso com nossos pacientes.

Aqui vem a questão mais difícil para os profissionais que lidam com os idosos: como falar de sexo com os pacientes de mais de 65 anos? Uma coisa é certa, dificilmente eles ou elas chegarão até o profissional médico, enfermeiro, psicólogo, psicanalista, fisioterapeuta e tantos outros para se queixarem abertamente de suas dificuldades em relação à sexualidade. Assim é que ao fazer a anamnese o profissional não precisa, no primeiro atendimento, perguntar tudo de uma só vez. Caso o idoso ou a idosa seja mais aberto ou aberta e fale francamente sobre suas questões, pode-se perguntar normalmente como vai a vida sexual. Algumas pessoas mais velhas têm por hábito responder que a vida de casal é ótima, que o companheiro ou a companheira é muito bom ou muito boa, muito compreensivo ou compreensiva etc... Talvez o profissional precise se perguntar intimamente: por que a pessoa está dizendo isso com tanta veemência? Por que, por exemplo, elogia tanto o marido dizendo ser "bom companheiro"? O profissional, embora suspeite de algo, deve se calar e esperar atento por momentos posteriores, e talvez escutar algo diferente, como queixas sobre as questões sexuais. Esse será o momento de perguntar se o idoso ou a idosa quer falar sobre esse assunto. As pessoas precisam de um tempo. Não é fácil para ninguém falar sobre sua sexualidade. Tem que vir do desejo, da queixa. O profissional tem que esperar um pouco. Não ser intrusivo. Principalmente com idosos.

Uma vez desenvolvida a relação com a pessoa idosa em um clima de respeito e sigilo, é importante buscar informações sobre os efeitos colaterais dos remédios usados rotineiramente. Velhos hipertensos costumam suspender o tratamento medicamentoso devido a disfunções sexuais, mas não as queixam ao cardiologista, que insiste na manutenção da referida droga, sem saber exatamente o que está ocorrendo. Esse fato também acontece em outros tipos de tratamento, como já foi anteriormente exemplificado sobre ejaculação retrógrada.

Nos dias atuais, diante do aumento de casos de idosos soropositivos para o vírus HIV, torna-se necessário fazer campanha de prevenção de doenças sexualmente transmissíveis (DST/AIDS) com a chamada geração da terceira idade. Os novos velhos que não têm uma relação conjugal estável podem, à semelhança dos jovens, "ficar" com parceiros esporádicos, colocando-se em risco para DST/AIDS. O uso de preservativos precisa ser incentivado de uma maneira delicada, respeitando a timidez das senhoras e conversando com os senhores sobre possíveis dificuldades do seu uso devido à disfunção erétil.

Na medida em que os profissionais vão se acostumando a ver os velhos como pessoas sexuadas e desejantes, vão afrouxando seus próprios diques anímicos e seus preconceitos, podendo conversar com seus pacientes sobre sexualidade de uma forma clara e tranquila, respeitosa e ética. Sexo e sexualidade é algo bonito e humano. Não é motivo para piadas desrespeitosas, deboches, conversas discriminatórias ou julgamentos morais. A sexualidade dos pacientes não é assunto para conversas fúteis em bares, encontros de amigos ou postagens em redes sociais. Ser sexuado é a sina dos humanos. Pode-se dizer que a sexualidade é uma ética do desejo. Desde a mais tenra idade, nós, humanos, dependemos de um outro para erotizar a nossa vida. Mantemo-nos sempre desejantes, mas não há encontro humano que seja capaz de fazer cessar esse desejo. Porque somos incompletos e desejantes, a sexualidade torna-se o paradoxo com o qual cada um de nós tem de se haver. Sexualidade é a mola mestra da vida!

8

Até que a morte nos separe (ou nos una!)

"Era uma vez" um velho senhor em fase final de vida, em casa, em atendimento paliativo. Seu geriatra, em uma consulta domiciliar de rotina, conversou com ele sobre a finitude e seus desejos. Ele, tranquilamente, confessou ao médico que desejaria, como um *grand finale*, ter um intercurso sexual com sua velha esposa antes de sua morte. O geriatra, muito solícito, perguntou-lhe se ele se contentaria com sexo oral, já que não tinha mais condições físicas para um coito com penetração. Ele, alegremente, disse que sim. Só queria poder estar com sua amada, beijá-la, abraçá-la, acariciá-la e receber o carinho dela por meio do sexo oral. O médico, então, conversou com a esposa, que aceitou a ideia. A contragosto, a enfermeira que passava a noite cuidando do paciente foi dispensada. Os velhinhos ficaram sozinhos. Só os dois, juntinhos naquela noite de amor. No dia seguinte, o geriatra encontrou seu paciente sorridente e agradecido. Havia tido prazer e pôde amar profundamente sua companheira de tantos anos. Alguns dias depois morreu em paz. Essa bela história de amor foi contada por um colega médico durante uma aula sobre sexualidade na terceira idade. Não sei se é real ou um belo conto de fadas para idosos. A verdade é que mostra muito bem a sexualidade na fase mais terminal do ser humano.

É necessário pensar que os velhos em proximidade da morte continuam sexuados, ainda que não mais tenham uma atividade sexual genital. É bastante comum ocorrer um certo apaixonamento de velhos senhores por suas cuidadoras. Alguns inclusive chegam a propor-lhes casamento e, em algumas circunstâncias, tornam-se mesmo parceiros em relações estáveis. O cuidado de alguém fragilizado, muitas vezes acamado ou sem condições de autonomia para tarefas básicas, como cuidar do próprio asseio, pode ser um espaço aberto para o retorno do velho perverso polimorfo. Ter alguém que lhe cuide, que lhe dê banho, que lhe faça a limpeza da boca, língua e dentes, que lhe penteie os cabelos, ter alguém que o elogia, e que amorosamente lhe coloque o alimento na boca, acaba por erotizar-lhe todo o corpo em um retorno aos cuidados maternos na mais tenra infância. Essa volta fica mais evidente quando a pessoa cuidada apresenta um quadro de demência. É uma convocação ao ressurgimento da sexualidade infantil, muitas vezes demonstrada por meio da sucção, do prazer anal e da manipulação genital semelhante à criança edípica. As cuidadoras precisam entender que essas ações não são atos de assédio sexual consciente, mas são maneiras de viver a sexualidade infantil que retorna poderosa e desejante no momento final de vida.

As velhinhas em fase terminal costumam fazer de suas queridas cuidadoras suas amigas íntimas a quem contam segredos muitas vezes irreais. Outras senhoras criam situações de conflito com a pessoa que lhes cuida. Como uma menininha confronta-se com sua mãe, as velhinhas dementes por vezes se confrontam com suas cuidadoras, retomando às relações edípicas da infância. Não é incomum tais senhoras heterossexuais se encantarem ou se apaixonarem pelo fisioterapeuta, pelo massoterapeuta, pelo seu geriatra ou pelo médico paliativista. Triangulando com a figura masculina (pai) e com a cuidadora (mãe), a velhinha revive sua sexualidade infantil. Essa transformação do amor e da sexualidade, por meio do resgate de situações ligadas à infância, é uma tônica de final de vida. É como se os humanos, ao envelhecerem, fechassem um ciclo retornando ao ponto inicial. O belíssimo drama francês "Amor"[58], dirigido por Michael Haneke, premiado com o Oscar, traz em sua narrativa a história de um casal de velhos octogenários que se veem diante da fragilidade da senhora, após um acidente vascular cerebral. A sexualidade de ambos é apresentada de forma amorosa, romântica, e singela por meio dos cuidados dispensados pelo marido. Bela história de fim de vida, que mantém o desejo de estar com o Outro e pelo Outro.

Uma situação bastante comum aos velhinhos em proximidade da morte é a recordação dos amores vividos. Os que foram felizes ao lado de seus parceiros ou cônjuges costumam lembrar de fatos e de cenas, algumas reais, outras nem tanto, coloridas com toques do devaneio ou da própria demência, repetindo por várias vezes as mesmas histórias. As velhinhas costumam ter prazer em mostrar álbuns de fotografias de seus amados esposos que já faleceram. Algumas guardam flores secas, cartas de amor, poesias e cartões românticos, o que mostram com muito carinho às netas queridas. Os velhos são mais taciturnos e silenciosos, mas costumam olhar insistentemente para fotos das esposas falecidas, quase sempre expostas em porta-retratos.

Por outro lado, idosos que amaram, mas não foram correspondidos ou não puderam, por algum motivo, juntarem-se ao ser amado e desejado, ao final da vida, buscam localizar essas pessoas que lhes foram muito importantes, de forma a poderem reparar algo que não se consolidou. Triste é quando a velhinha ou o velhinho descobre que aquela pessoa, outrora tão querida, agora já se foi, já está morta. É um profundo vazio que jamais será completado com o amor desse Outro. Idosos que permanecem em boa condição mental podem sentir-se bastante abalados quando descobrem o amor do passado em uma condição de demência. Algum segredo relacionado a amores perdidos no passado pode acompanhar o idoso ao

---

[58] AMOUR (Amor). Produção Margaret Ménéoz, Stefan Arndt, Veit Heiduschka, Michael Katz. Direção Michael Haneke. França, Alemanha, Áustria: Canal+, France 3, Wega Film, Les Films du Losange, X-Filme Creative Pool, 2012. 1 disco (2 horas 7 minutos) DVD, francês, son., color.

túmulo. Outros segredos podem vir à tona após a morte, por meio de narrativas do cônjuge que permanece vivo, ou mesmo mediante cartas ou diários muito bem guardados e que são encontrados em meio aos objetos de quem morreu. O filme americano "As Pontes de Madison"[59], dirigido e estrelado por Clint Eastwood, narra uma comovente história de amor vivida e interditada que se revela após a morte da senhora idosa. Seus filhos encontram provas de um amor extraconjugal vivido de forma fugaz e intensa por aquela mulher que dedicou toda uma vida à sua família. A revelação do segredo aponta para uma senhora idosa que viveu sua sexualidade por vários e diferentes caminhos e, sabedores disso, seus filhos podem, então, escolher cada um seu caminho afetivo-sexual.

Alguns idosos, ao ficarem viúvos ou separados, encontram seus amados do passado e resgatam a relação afetiva, podendo viver o último grande amor da vida! Um exemplo dessa situação me foi contado por um colega que recebera em seu consultório sua paciente octogenária que lhe procurou para convidar-lhe para seu casamento. Contou-lhe que na juventude amou e foi muito amada por um rapaz com quem não se casou porque seu pai lhe impediu. Posteriormente, casou-se com outro homem e criou sua família. Aos 80 anos, já viúva, reencontrou seu amor do passado e resolveram se casar e ficar juntos até que a morte os separe (ou os una mais ainda!).

São muitos os encontros e desencontros que podem ocorrer na velhice. Romances que já se foram e que marcaram a vida assim como as rugas marcaram o rosto, amores platônicos que nunca se efetivaram, lágrimas que rolaram na face ao som de músicas românticas, danças que ficaram na memória, mãos que se tocaram e beijos inesquecíveis, tudo pode ressurgir diante da finitude que se aproxima. Pois a saudade é um pressuposto do envelhecimento...

---

[59] THE BRIDGES of Madison County (As Pontes de Medison). Produção Clint Eastwood, Kathleen Kennedy. Direção Clint Eastwood. Estados Unidos:Warner Bros., 1995. 1 disco (2 horas 15 minutos) DVD, inglês, son., color.

Para refletir essas questões de amores não vividos e relembrados perto do fim, sugiro aos leitores um filme extremamente belo, o drama espanhol "Viver Duas Vezes"[60], dirigido por Maria Ripoll. O filme é estupendamente sensível. Apresenta um senhor que passou a vida estudando, pesquisando, publicando e ensinando matemática, que ao envelhecer vai desenvolvendo uma demência. Mas o roteiro não se verte somente para o drama do sofrimento do paciente e da família, mas sim aponta para as reparações que são feitas em tempo ágil, tecendo encontros e desencontros de amorosidade. O ator argentino Oscar Martínez se supera na interpretação. Detalhes sutis de olhares que falam mais que palavras e pequenos gestos de cumplicidade com a jovem que interpreta sua neta emocionam os apreciadores da história. Necessário se faz prestar atenção aos boleros: um cantarolado pela garota à beira-mar, no passado do professor, e o outro que se percebe melhor ao final, quando vão descendo os créditos, o famoso bolero *Perfídia*. A cena que encerra o filme não podia ser mais tocante, mais bela e mais integrada com a música! Ao final do drama, enquanto descem os créditos, a letra do bolero *Perfídia* coaduna-se perfeitamente com a cena que fica congelada por debaixo dos nomes que surgem. Um momento de extrema emoção! O filme é especialmente suave, afetuoso, complexo e põe em questão a relação humana que não se constrói a partir da perfeição e da saúde, do correto e do errado, da consanguinidade ou não, da tolerância ou da indisponibilidade do amor. A relação humana apenas é... do jeito que pode ser.

Conviver com a proximidade da morte toca de forma diferente os vários idosos. Freud descreveu a pulsão de morte como a que domina a vida humana, no entanto a pulsão de vida (pulsão sexual) é a mola mestra para manter a todos nós

---

[60] VIVIR DOS VECES (Viver Duas Vezes). Produção Alamar Cinema 161, Convoy Films, Crea SGR, Film Factory Entertainment, Generalitat Valenciana, Institut Valencià de Cultura, Netflix, Plural-Jempsa, TVE, À Punt Media Direção Maria Ripoll. Espanha: Netflix, 2019. (1hora 41 minutos). Espanhol, son., color. Disponível em: https://www.netflix.com/br/title/80233408. Acesso em: 3 dez. 2020.

vivos e atuantes. Esse paradoxo fica muito forte no fim da vida, quando a pulsão de morte se manifesta de forma clara, muitas vezes entrelaçada com a própria sexualidade. Não é incomum ouvirmos idosos dizerem que querem morrer em paz para encontrarem seus falecidos amados em algum lugar. Pessoas que seguem religiões reencarnacionistas costumam dizer que, provavelmente, vão se encontrar com as pessoas amadas e desejadas em uma outra vida. Tal situação é posta de forma muito romantizada no belo filme "Em Algum Lugar do Passado"[61], dirigido por Jeannot Szwarc. Uma das cenas iniciais mostra uma velhinha que se aproxima do jovem escritor durante um lançamento de livro e coloca-lhe nas mãos um relógio muito antigo. O filme versa sobre o paradoxo entre a pulsão sexual e a pulsão de morte. Também o maravilhoso vídeo "*La Dama y La Muerte*"[62], uma adaptação musical de Victor Zalalla, do premiado curta-metragem da produtora Green Moon, apresentado no XII Taller de Sonido y Composición Musical de la Sociedad General de Autores y Editores (SGAE) em 2015, emociona seus apreciadores com uma narrativa belíssima de uma velhinha que luta contra o médico em prol de sua própria morte, pois mantém o desejo de encontrar-se com seu falecido esposo. Os sons se harmonizam perfeitamente com as cenas, deixando-as muito mais emocionantes. Um curta-metragem inesquecível sobre a sexualidade dos idosos na reta final da vida.

Outro fato bastante comum entre casais que envelhecem juntos em uma relação amorosa é o que eu denomino de "morte em parceria". Assim é que, quando um dos dois idosos falece, o outro, dias depois, acaba morrendo sem uma causa aparente. "Morrer a dois" é uma fantasia comum aos casais apaixonados,

---

[61] SOMEWHERE in Time (Em Algum Lugar do Passado). Produção Stephen Deutsch, Ray Stark. Direção Jeannot Szwarc. Estados Unidos: Universal Pictures, 1980. (1 hora 43 minutos). Inglês, son., color. Disponível em: https://www.netflix.com/br/title/981269. Acesso em: 3 dez. 2020.

[62] LA DAMA y La Muerte . Versão musical de Victor Zalalla. Curta metragem. Produção Antonio Banderas, Manuel Sicilia, Antonio Meliveo, Juan Molina, Marcelino Almansa. Direção Javier Recio Gracia. Espanha: Kandor Moon, 2015. (8 minutos). Sem falas, son., color, desenho animado. Disponível em: https://www.youtube.com/watch?v=VckGen2_E64. Acesso em: 3 dez. 2020.

muito bem retratada no clássico Romeu e Julieta de William Shakespeare. Alguns idosos que vivem juntos por muitos anos e têm entre si uma grande cumplicidade, com vários interesses comuns e uma bela história de amor que os une, talvez não consigam viver solitários sem a companhia amorosa do outro, preferindo ficarem juntos até que a morte os una para sempre. O filme "Ella e John"[63], dirigido por Paolo Virzi, conta a história de um casal de idosos que resolve fugir em seu antigo furgão, empreendendo sua última viagem pelos Estados Unidos. Ella com câncer e John com Alzheimer vão, ao longo da aventureira viagem, se amando, se cuidando e, sobretudo, se despedindo da vida. A cena final mostra com clareza como a sexualidade vai enlaçada à pulsão de morte, mantendo-os amorosamente unidos pelos caminhos do fim. Um filme que encanta, emociona e seduz. Um filme que fala de vida, de sexualidade, de amor, de ternura, de cuidado, de envelhecimento, de finitude. Um filme que fala do drama de ser gente!

Viver a vida com quem se ama ou viver a vida com alguém a quem muito se amou pode ser uma trajetória de idas e vindas, de afetos e sentimentos, buscando caminhos da pulsão sexual para encontrar prazer e enfrentar os inúmeros desprazeres inerentes ao viver. O documentário "O Último Tango"[64], dirigido por Germán Kral, narra a vida dos dançarinos de tango argentinos Maria Nieves Rego e Juan Carlos Copes. A filmagem se estrutura a partir da narrativa de Maria Nieves Rego. Ela conta os detalhes da história de amor, de desejo, de apaixonamento, de ódio, de ciúmes, de idas e vindas e de fidelidade ao grande interesse comum que é o tango. Juntos, da adolescência até o final da vida, já bastante idosos, os dois

---

[63] ELLA and John – The leisure seeker (Ella e John). Produtor Fabrizio Donvito, Marco Cohen, Benedetto Habib. Diretor Paolo Virzi. França, Itália: Indiana Productions, RAI Cinema, 2017. (1 hora 53 minutos). Inglês, son., color. Disponível em: https://www.telecineplay.com.br/filme/Ella_e_John_20168. Acesso em: 3 dez. 2020.

[64] UN TANGO Más (O Último Tango). Produtor Jacob Abrahamsson, Rodrigo Fürth, Wim Wenders. Diretor Germán Kral. Argentina: Distribution Company (Argentina), IMOVISION (Brasil), 2015. 1 disco (1 hora 25 minutos) DVD e Blu-ray, espanhol, son., color/branco e preto.

se mantiveram unidos pela dança que os transformou em um sucesso estrondoso, com apresentações magistrais mesmo na senectude. Um documentário que se assemelha a um filme maravilhosamente erótico e sensual. Um filme sobre velhos que se amam e se odeiam, mas permanecem unidos pela música e pela dança.

Por fim, falar de sexualidade no processo de envelhecimento é falar de gente que ama, que se enamora, que se apaixona, que se deseja, que tem fantasias sexuais, que transa, que não transa, que sublima a sexualidade, que vive, que se alegra, que ri, que chora, que permanece junto para sempre, que se separa, que se busca, que se desencontra, enfim, que vive a vida como pode vivê-la. Apesar das diferenças físicas com os jovens, os velhos e as velhas também são sexuados e buscam por meio da pulsão sexual um prazer, ainda que incompleto, para alternar com os desprazeres vivenciados.

Falar de sexualidade e envelhecimento é falar sobre o encanto da vida apesar de todas as dificuldades e interdições. A grande diferença entre viver a sexualidade na juventude e vivê-la na velhice é que o velho sabe que tem pouco tempo para usufruir do amor e da sexualidade e sabe, sobretudo, de suas limitações. Como diz a letra da velha canção colombiana de Roberto Torres, *Caballo Viejo*, "quando o amor chega, a gente não se dá conta, pois querer-se não tem horário, nem data no calendário"... o velho cavalo não perde a oportunidade que a vida lhe dá, pois sabe que não haverá uma outra vez...

Caballo Viejo

(Roberto Torres)

Cuando el amor llega así de esta manera
Uno no se da ni cuenta
El cauca reverdece y el
Guamachito florece
Y la soga se revienta

Caballo le dan sabana porque
Está viejo y cansao'
Pero no se dan de cuenta que un
Corazón amarrao'
Cuando le sueltan la renda
Es caballo desbocao'

Y si uma potra alazana
Caballo viejo se encuentra
El pecho se le desgrana y no le
Hace caso a faceta
Y no lo obedece a freno ni lopara
Um pasarienda

Cuando el amor llega sí de esta manera
Uno no tiene la culpa
Quererse no tiene horário
Ni fecha en el calendário
Cuando las ganas se juntan

Caballo le dan sabana
Y tiene el tempo contao'
Y se va por la mañana
Com su pasito apurao'
A verse com su potranca
Que lo tiene embarrascao

El potro da tempo al tempo
Porque le sobra la idad
Caballo viejo no puede
Perder la flor que le dan
Porque después de esta vida
No hay outra oportunidad

O *fim*

Caríssimos leitores, como pontuei no início, a intenção deste livro é, sobretudo, esclarecer que velhos são sexuados. Mas é também quebrar os tabus e preconceitos, é autorizar os mais velhos a viverem sua sexualidade de forma prazerosa, sem precisar envergonharem-se de algo que é genuinamente humano. É, ainda, uma tentativa de ensinar aos mais jovens que os velhos também amam e que têm direito a lutarem pela felicidade junto às pessoas por eles amadas. É oferecer algum conhecimento para o processo ensino-aprendizagem de profissionais que lidam com pessoas idosas. E tentar fornecer material didático aos professores que trabalham o tema da sexualidade nos inúmeros cursos de formação técnica ou universitária.

Mas sei que este livro tem, também, a vocação de criar polêmica. É uma ferramenta para abrir espaços de debates a respeito da sexualidade dos idosos. Assim como falar de sexualidade na infância até hoje ainda causa impacto nas pessoas, dizer que velhos, alquebrados, enrugados, limitados em suas questões físicas e moribundos ainda se mantêm sexuados parece algo que incomoda, aflige, desestabiliza, faz ruídos, transforma o pensamento e mobiliza afetos em praticamente todas as pessoas, em qualquer idade. A figura da avó pura e recatada à beira do fogão fazendo quitutes para os netos parece não coadunar com a imagem fantasiosa da mulher sedutora que realiza suas fantasias sexuais por debaixo (ou quiçá por cima) dos lençóis de sua cama. Enfim, este livro pretende polemizar sobre aquilo que está, de alguma forma preconceituosa, escondido nas alcovas ou nas mentes dos velhos senhores e senhoras.

Não sei se será possível realizar todos esses caminhos que gostaria que o livro percorresse. Tenho consciência de que a sociedade atual está, ao contrário dos anos 50, 60 e 70 do século XX, retornando ao conservadorismo e buscando um resgate das relações mais tradicionais, mantendo inclusive um discurso de censura ao que diz respeito às sexualidades. Por isso, talvez, este livro cai na "fogueira de alguma inquisição". Mas para nós, psicanalistas, esses movimentos já nos são por demais costumeiros e, obviamente, não nos assustam.

Para bem ou para mal, acredito que não devo ter conseguido explorar todos esses meus desejos a respeito do livro, mas se vocês chegaram até aqui, ao fim, e assistiram aos filmes indicados, já fico feliz, pois, com certeza, abrirão possibilidades de pensar sobre o assunto. Os filmes indicados mostram que a sexualidade não se expressa somente pelo ato sexual propriamente dito, mas por muitos outros caminhos e por outras possibilidades.

Penso que nas várias linhas nas quais falei sobre a sexualidade no processo de envelhecimento, algo do carinho, do amor, do respeito, da ética e da estética marcou a leitura de cada um de vocês. Pois assim é a vivência da sexualidade, que pode ou não estar enlaçada à genitalidade. A sexualidade humana vai se transformando e transformando os desejos no sentido de cada um buscar e manter um Outro, real ou fantasioso, vivo ou não, que se torna amado e amante no desejo ou no ato, ao seu lado até que a morte os separe (ou os una!).

Termino aqui deixando um poema escrito por mim, durante a pandemia de 2020, quando eu, já velha, com 66 anos e com comorbidades, em risco de infectar-me com o vírus Sars-CoV-2, me vi cara a cara com a possibilidade da morte. E estar tão passível da finitude fez-me sentir saudades. Sentir saudades fez-me lembrar amores, paixões e possíveis perdas. Lembrar de amores com saudades fez-me escrever e poetizar. Pois, afinal, sentir saudades é a sina de cada um de nós ao transitar pelo envelhecimento... E poetizar é, sem dúvida, um dos caminhos da pulsão sexual!

Saudades

A morte?...
Não, não é a morte que me assusta...
Não é a morte que me entristece...
Não é a morte!

Saudade!
É... É sim, a saudade!
Pensar que não poderei mais estar aqui...
a saudade que sinto quando penso na morte!
Saudade da família, dos amigos e... saudades de ti!

Não te ver mais, não estar contigo, não ouvir tua voz...
Saudades de teus abraços, de teus beijos, de teus afagos, de teu sorriso,
de ti, inteiro, saudades...
Ficar em casa. Isolada, trancada, silenciada, parada, esgotada, para não morrer!
E não te ver?!

Não!!! Não tenho medo da morte!!!
Da morte, não!
Tenho medo de perder-te antes mesmo de estar contigo...

Tenho medo da saudade, ou melhor, já tenho saudade!
Saudade, medo, morte, estar contigo, não poder estar contigo...
Tenho medo de não te dizer adeus!!!
Não quero dizer-te adeus!

Não quero sentir saudade do que ainda não vivi!
Não quero morrer agora e ficar sem ti...
Fico em casa!!!

(Rita Francis Gonzalez y Rodrigues Branco)

Referências

45 YEARS (45 Anos). Produção Tristan Goligher. Direção Andrew Haigh. Reino Unido: Artificial Eye, 2015. 1 disco (1 hora 35 minutos) DVD. Inglês, son., color.

AMOUR (Amor). Produção Margaret Ménéoz, Stefan Arndt, Veit Heiduschka, Michael Katz. Direção Michael Haneke. França, Alemanha, Áustria: Canal+, France 3, Wega Film, Les Films du Losange, X-Filme Creative Pool, 2012. 1 disco (2 horas 7 minutos) DVD, francês, son., color.

AQUARIUS. Produção Emilie Lesclaux, Saïd Ben Saïd, Michel Merkt. Coprodução Walter Salles. Direção Kleber Mendonça Filho. Brasil, França: Vitrine Filmes,Vitagraph Films, 2016. 1 disco (2 horas 26 minutos). DVD e Blu-Ray. Português, son., color.

CANDELARIA. Produção Jhonny Hendrix Hinestroza, Barbara Sarasola-Day, Federico Eibuszyc, Claudia Calviño, Juan Diego Villegas. Direção Jhonny Hendrix Hinestroza. Colômbia, Alemanha, Argentina, Noruega, Cuba: ANTORCHA Films, 2017. 1 disco (1 hora 25 minutos) DVD e Blu-Ray, alemão e espanhol, son., color.

COMO Nossos Pais. Produção e direção Laís Bodanzky. Brasil: Imovision, 2017. 1 disco (1 hora 45 minutos), DVD, português, son., color.

COSTA, E. F. L.; BOTTOLI, C. (Re)Pensando o Complexo de Édipo na Contemporaneidade e as Novas Configurações Familiares. *Barbarói*, Santa Cruz do Sul, n. 40, p. 48-62, jan./jun. 2014.

DE PERNAS Pro Ar. Produção Morena Filmes. Coprodução Globo Filmes, Telecine Productions, Rio Filme. Direção Roberto Santucci. Brasil: Downtown Filmes, Paris Filmes,2010. 1 disco (1 hora 41 minutos) DVD e Blu-Ray, português, son., color.

DE PERNAS Pro Ar 2. Produção Morena Filmes. Coprodução Globo Filmes, Telecine Productions, Rio Filme. Direção Roberto Santucci.

Brasil: Downtown Filmes, Paris Filmes, 2012. 1 disco (1 hora 55 minutos) DVD e Blu-Ray, português, son., color.

DE PERNAS Pro Ar 3 Produção Mariza Leão. Direção Júlia Rezende. Coprodução Morena Filmes, Globo Filmes, Telecine Productions, Rio Filme, Das Mãos Produções, Twogether. Direção Júlia Rezende. Brasil: Downtown Filmes, Paris Filmes, 2019. 1 disco (1 hora 49 minutos) DVD e Blu-Ray, português, citações em francês, son., color.

ELLA and John – The leisure seeker (Ella e John). Produtor Fabrizio Donvito, Marco Cohen, Benedetto Habib. Diretor Paolo Virzi. França, Itália: Indiana Productions, RAI Cinema, 2017. (1 hora 53 minutos). Inglês, son., color. Disponível em: https://www.telecineplay.com.br/filme/Ella_e_John_20168. Acesso em: 3 dez. 2020.

ET SI ON vivait tous ensemble? (E Se Vivêssemos Todos Juntos?). Produção IMOVISION. Direção Stéphane Robelin. Alemanha, França: IMOVISION, 2010. 1 disco (1 hora 40 minutos) DVD. Francês, son., color.

FREUD, S. Análise de uma fobia em um menino de cinco anos (1909). *In:* FREUD, S. *Obras Psicológicas Completas de Sigmund Freud:* Edição Standard Brasileira – Duas Histórias Clínicas: O "Pequeno Hans" e o "Homem dos Ratos" (1909). Volume X. Rio de Janeiro: IMAGO, 1996.

FREUD, S. *As Pulsões e seus Destinos/Triebe und Triebschicksale.* (Edição bilíngue). 1. ed. 2. reimp. Belo Horizonte: Autêntica, 2017.

FREUD, S. Três Ensaios sobre a Teoria da Sexualidade (1905). *In:* FREUD, S. *Obras Psicológicas Completas de Sigmund Freud:* Edição Standard Brasileira – Um Caso de Histeria, Três Ensaios sobre Sexualidade e Outros Trabalhos (1901-1905). Volume VII. Rio de Janeiro: IMAGO, 1996.

HOPE Springs (Um Divã para Dois). Produção columbia Pictures. Direção David Frankel. Estados Unidos: Columbia Pictures 2012. 1 disco (1 hora 40 minutos) DVD e Blu-Ray. Inglês, son., color.

KALIL, G. Glória Kalil diz o que parece chique (mas não é) no trabalho. *EXAME.* Entrevista com a jornalista Claudia Gasparini publicado em 08 de junho de 2017. Disponível em: https://exame.com/carreira/

gloria-kalil-diz-o-que-parece-chique-mas-nao-e-no-trabalho/. Acesso em: 13 out. 2020.

LA DAMA y La Muerte . Versão musical de Victor Zalalla. Curta metragem. Produção Antonio Banderas, Manuel Sicilia, Antonio Meliveo, Juan Molina, Marcelino Almansa. Direção Javier Recio Gracia. Espanha: Kandor Moon, 2015. (8 minutos). Sem falas, son., color, desenho animado. Disponível em: https://www.youtube.com/watch?v=VckGen2_E64. Acesso em: 3 dez. 2020.

LAERTE-SE. Produção TrueLab para Netflix. Direção Eliane Brum e Lygia Barbosa da Silva. Brasil: Netflix, 2017. (1 hora 40 minutos) Português, son., color. Disponível em: https://www.netflix.com/br/title/80142223. Acesso em: 1 dez. 2020.

NASIO, J. D. *Édipo:* complexo do qual nenhuma criança escapa. Rio de Janeiro: Jorge Zahar, 2007.

O OUTRO Lado da Rua. Produção Kátia Machado. Direção Marcos Bernstein. Brasil, França: Columbia Pictures do Brasil/ TriStar Pictures, 2004. 1 disco (1 hora 38 minutos) DVD. Português, son., color.

OLIVEIRA JR., W. Relação Médico-Paciente em Cardiologia. Cap. 18. *In:* BRANCO, R. F. G. R. *A Relação com o Paciente:* Teoria, Ensino e Prática. Rio de Janeiro: Guanabara Koogan, 2003. p. 138-147.

OLIVEIRA, D. As Icônicas Frases de Costanza Pascolato. *Blog Sem Geração.* Postagem feita em 13 de fevereiro de 2014. Disponível em: https://semgeracao.wordpress.com/2014/02/13/as-iconicas-frases--de-costanza-pascolato/. Acesso em: 13 out. 2020.

OUR SOULS at Night (Nossas Noites). Produção Robert Redford, Erin Simms, Finola Dwyer. Direção Ritesh Batra. Estados Unidos: NETFLIX / Wildwood Enterprises Inc., 2017 (1 hora 43 minutos). Inglês, son., color. Disponível em: https://www.netflix.com/br/title/80104068. Acesso em: 1 dez. 2020.

PASCOLATO, C. Citação sobre estilo. *Por Dentro da Moda (Blog)*. Disponível em: http://pordentrodamodabymarinact.blogspot.com/2013/08/estilo-por-constanza-pascolato.html. Acesso em: 1 dez. 2020.

SADDI, L. Erotismo: e onde fica o amor? *Ide (São Paulo)*, São Paulo, v. 34, n. 52, p. 206-210, ago. 2011.

SOMETHING'S Gotta Give (Alguém Tem Que Ceder). Produção Nancy Meyers, Bruce A. Block. Direção Nancy Meyers. Estados Unidos: Columbia Pictures, Warner Bros., 2003. 1 disco (2 horas 8 minutos) DVD, inglês, son., color.

SOMEWHERE in Time (Em Algum Lugar do Passado). Produção Stephen Deutsch, Ray Stark. Direção Jeannot Szwarc. Estados Unidos: Universal Pictures, 1980. (1 hora 43 minutos). Inglês, son., color. Disponívl em: https://www.netflix.com/br/title/981269 Acesso em: 3 dez. 2020.

THE BEST Exotic Marigold Hotel (O Exótico Hotel Marigold). Produção Graham Broadbent, Peter Czernin. Direção John Madden. Emirados Árabes Unidos, Estados Unidos, Reino Unido: Fox Searchlight, Image Nation Abu Dhabi, 2011. (2 horas 04 minutos) Inglês, son., color. Disponível em: https://filmesonlinehd1.org/o-exotico-hotel-marigold/. Acesso em: 2 dez. 2020.

THE BRIDGES of Madison County (As Pontes de Medison). Produção Clint Eastwood, Kathleen Kennedy. Direção Clint Eastwood. Estados Unidos: Warner Bros., 1995. 1 disco (2 horas 15 minutos) DVD, inglês, son., color.

THE DEVIL Wears Prada (O Diabo Veste Prada). Produção Wendy Finerman. Direção David Frankel. Estados Unidos: 20th CENTURY FOX, 2006. (1 hora 50 minutos) Inglês, son., color. Disponível em: https://www.youtube.com/watch?v=DDilfMO-qEc Acesso em: 1 dez. 2020.

THE SECOND Best Exotic Marigold Hotel (O Exótico Hotel Marigold 2). Produção Graham Broadbent, Peter Czernin. Direção John Madden. Emirados Árabes Unidos, Estados Unidos, Reino Unido: Fox Searchlight, Image Nation Abu Dhabi, 2015. (2 horas 04 minutos) Inglês, son., color. Disponível em: https://play.google.com/store/movies/details/O_Ex%C3%B3tico_Hotel_Marigold_2_Dublado?id=b02Kx-zHQMA4&hl=pt. Acesso em: 2 dez. 2020.

THE WIFE (A Esposa). Produção Anonymous Content & Meta Film. Direção Björn Runge. Estados Unidos, Reino Unido, Suécia: Pandora Filmes, 2017. (1 hora 41 minutos) Inglês, son., color. Disponível em: https://www.telecineplay.com.br/filme/A_Esposa_12862?utm_source=adoro_cinema&utm_medium=cpc&utm_campaign=aquisicao%7Cparcerias%7Cup&utm_content=a_esposa%7Cfilme_251830%7Cbotao%7Cnone%7Cadoro_cinema%7Cnone. Acesso em: 2 dez. 2020.

UN PROFIL Pour Deux (Um Perfil para Dois). Produção Ici et Là Productions, Detailfilm, La Compagnie Cinématographique, Panache Productions. Direção Stéphane Robelin. Alemanha, Bélgica, França: Paris Filmes, 2017. 1 disco (1 hora 40 minutos) DVD, francês., son., color.

UN TANGO Más (O Último Tango). Produtor Jacob Abrahamsson, Rodrigo Fürth, Wim Wenders. Diretor Germán Kral. Argentina: Distribution Company (Argentina), IMOVISION (Brasil), 2015. 1 disco (1 hora 25 minutos) DVD e Blu-ray, espanhol, son., color/branco e preto.

VIVIR Dos Veces (Viver Duas Vezes). Produção Alamar Cinema 161, Convoy Films, Crea SGR, Film Factory Entertainment, Generalitat Valenciana, Institut Valencià de Cultura, Netflix, Plural-Jempsa, TVE, À Punt Media Direção Maria Ripoll. Espanha: Netflix, 2019. (1hora 41 minutos). Espanhol, son., color. Disponível em: https://www.netflix.com/br/title/80233408. Acesso em: 3 dez. 2020.

WOODSTOCK – Três dias de Paz, Amor e Música. Director's Cut 40th Anniversary Special Edition. Produção Bob Maurice. Direção Michael Wadleigh. Estados Unidos: Warner Brothers, 1970. 2 discos (3 horas e 45 minutos), DVD, inglês, son., color.

ZANETTI, S. A. S.; HÖFIG, J. A. G. Repensando o Complexo de Édipo e a Formação do Superego na Contemporaneidade. Psicol. cienc. prof., Brasília, v. 36, n. 3, p. 696-708, set. 2016.